紹興縣志採訪稿

4

紹興大典

史部

中華書局

列女三

目錄　列女

施孺人節孝詩

潘烈女詩　有序

婁節母傳　辛丑五月

周節母樓太君傳　乙丑五月

為王菱婦宋氏請卹啟　代家鶴如姪

補題王廉州霜哺圖卷為節孝沈母陳太恭人作

貞壽史孺人事蹟　紹興縣會稽稽山坊

祁太君事蹟　紹興縣會稽稽山坊

皋部沈氏宗譜列女

山陰林烈婦

紹興縣志採訪稿

山陰唐烈婦墓在西郭門外虹橋西南

皋部沈氏宗譜列女

姜天柱妻葉氏 紹興縣會稽籍

姜得仁妻陳氏 紹興縣會稽籍

姜坦妻金氏 紹興縣會稽東府坊

姜生申妻吳氏 紹興縣會稽東仰坊

姜之琡妻沈氏 紹興縣會稽稽山坊

姜公錦妻祝氏 紹興縣會稽東府坊

姜士麟聘妻 紹興縣會稽東仰坊

姜士銘妻倪氏

姜大本妻鍾氏

姜繩祖妻周氏　紹興縣會稽東府坊

姜大來妻金氏　紹興縣會稽東府坊

姜詩豪妻許氏　紹興縣會稽東仰坊

姜鎮妻祁氏　紹興縣山陰籍

姜夢鯉妻何氏　紹興縣會稽稽山坊

姜啓甯妻周氏　紹興縣會稽東府坊

姜福齡妻陶氏　紹興縣會稽東仰坊

節孝胡母沈太夫人家傳

方節母小傳

節孝朱孺人傳

節母江太宜人傳　媳程太宜人附并跋

姚施氏

孝婦請旌

孝女請旌

欽旌孝女姚母施恭人傳

欽旌孝婦姚母施恭人傳

陸姚氏請旌

沈太宜人傳

李陶氏

施孺人節孝詩

孺人族兄佐玉之繼配姪源之母也

吾家競推節孝賢聽我試歌節孝篇節孝為女為婦及為母奇節崚嶒垂不朽闡昔當弱齡慷慨大義明授以烈女傳覆誦如翻缾父曰不凡才誤綰笄與纓惜乎男兒識字尚憂患何況閨中女子能錚錚迨年二十七來作眉案賓伉儷未三載黃鵠悲陶嬰死願同死生同生徒以老姑老母諭疊并暫存弱質悲伶仃堂上備甘旨廚下謀晨炊乳兹遺腹女育此七歲兒為母本非易繼母更難為異母如一母兒仰慈母慈兒年弱冠貿習賈孝養不忘洗腆時暇則手一卷好書兼好詩簡〔編〕力求索動遭旁人嗤母獨問價授以值典釵鬻珥亦不辭勤勤懇懇訓厥子兒之所好乃若是古人讀

書有真樂顯揚不僅富貴耳一經尚可貽子孫後有興者必於此梁纏夙歎子嗣艱范馨今見石硯傳此生盡是茹蘗歲此後始得含飴年奈何元君素韡迎翩翩丁寧又記臨終言為我告老姑此心繫姑衣帶閒願兒撫一妹夫死不嫁全其天兒善体我意我意誠釋然速抱我孫來摩首心尤歡二十八年事初畢一笑撒手躲黃泉嗚呼節孝之身雖已矣節孝之心長不死門前梅嶺高嵬嵬門外寒潭石齒齒山或崩水或竭節孝名無或滅　朝廷記載史筆鐵萬古千秋說奇節

周鈐作見後邨周氏淵源録卷七

潘烈女詩有序

潘烈女者小字二姑山陰潘公調之女也生於粵公調歿後依孀母劉年十四許同鄉袁氏子袁子輕狂無行嫌潘貧欲渝盟而不得造作讖語潛榜其門烈女年已二十矣一夕投井死里巷冤之烈女歿於乙酉五月之十有六日南火炎天屍停不壞遠近驚以為神相為醵金庀材即其地立祠焉余為作詩

鴛譜中閒錯幾行紅絲偏繫黑衣郎將珠投暗真如礫以鴆為媒豈必飭清白一肌原是雪毒炎五月忽飛霜道傍井渫心為惻碧血千年恨未忘

貧家好女淨梳頭月扇難遮一面羞休比潘妃縋辱井爭如魯婦赴清流露筋未報蚊虻毒精衛寧忘渤海仇血散血凝大塊裏三

生因果費追求

周炳曾撰見後村周氏淵源録卷六

婁節母傳　辛丑五月

節母山陰午峰村口口婁公女年十九歸同縣東浦鎮沈君口口歸五年而沈君卒艱苦守節母為余外大父芝山駱公中表女弟家母歲時歸外家相見憫其貧請歲住吾家數月節母來則服勤如傭婦凡縫紉炊爨与夫保抱提携之役无不親道南兄弟姊妹等呼之曰小姑婆性峻厲道南等小時有失詈責不少貸過于吾母而飢寒疾痛顧復周至則与吾母等故道南兄弟姊妹等皆憚其嚴而戀其慈嘗謂道南曰汝一歲時髮賊陷府城吾与汝母同避難璜山鄰近如陡亹等鎮皆有賊巢數日必一肆掠曰打先鋒或刦物或從大者有殺人者一日晨起方飯譁傳打先鋒至矣舟故備相率登舟余方出门汝母忽憶汝尚臥床扃余還抱比出則

舟已行離岸尺許余呼舟近岸舟人以賊且至不惟不近且益遠
余計無復出抱汝躍以下倒于篷得不墮水脫一失足倉猝之中誰
救我二人者我至今念及此猶為心戰言已泣道南亦泣節母生
于道光十年七月二十二日以光緒六年十二月二十六日卒于
東浦無子以夫兄之璜道南受業師九歲孫蘭生為嗣今絕矣墓在洪家
壙先父為立碑題曰欽旌節孝東浦沈婁氏之墓距先父葬所不
一里其得旌亦先父為送采訪局也家母置田為節母祭產命道
南兄弟世世祀之

胡道南曰道南少時於節母之詈責也心有憾焉曰母特客耳何
為若是又觀他人之來客吾家者則皆不若是心益憾之嗚呼自
官不久任朝至夕更視若傳舍前後諉卸諸務廢弛正坐自居于

容之一念誤之也先節母之所爲在其位謀其政時無久暫宴事
求是同休戚忘恩怨天下有不治者哉見愧庐文鈔

紹興縣志採訪稿

周節母樓太君傳 乙丑五月

太君姓樓氏山陰人父德範公宿學有声太君幼禀庭訓勤儉持礼法年十九歸蕭山郡學生又京周公生二子珣瑗歸九年公卒時珣三歲瑗甫及晬而姑某孺人猶在堂太君屢慟絶拟身殉念遺孤在重闈姑無以慰死者遂勉自克陽歡釋姑悲事之益謹越十年姑見背又三年長子珣殤家業愈窘及瑗長娶婦屠生一子繼娶沈生二子而瑗又喪太君十餘年中涕淚無乾時漸良耗然神明故彊来鹽絲絮一躬親之如其初旋爲長孫樹棠次孫樹槿授室同治壬戌粤逆陷紹興与諸孫轉徙避寇樹棠遇賊兵及於難樹槿相継病殁太君驚悼成疾遂不起年八十有二先是道光壬寅邑人以太君守節符例狀其事聞于朝得旨旌门今三孫樹

槐亦歿其存者曾孫家楨樹槿子也補縣學生

胡道南曰余友周君德鴻於太君爲族孫行數爲余言太君守節事未嘗不欷歔感歎也昜之節曰苦節不可貞苦節之貞自古難之當又京公棄世時太君撫遺孤於襁褓中以至成立荼蓼之況殆不堪設想遭家不造二子継逝流離烽火竟以憂卒太君所處蓋無一非逆境者剥極而復克昌厥後天之報施將於是乎在嗚呼晚矣　見愧廬文鈔

●爲王嫠婦宋氏請卹啟　代家藹如姪

竊維窮民無告，寡等於鰥；正氣所存，節先乎義。書美不侮，傳哀未亡。是故遺秉利推，周氏釐其善念；怀情臺築，秦皇鑒彼苦行。恤寡之風，由來舊矣。況乃生本名门，于鋏望族，斷稿礎於異地，摧絃柱於華年，尤閭黨所惻傷，士林所痛慜者哉！山陰張淩村嫠婦姓宋氏，縣學生王君曼年室也。伯鸞佳婿，敬乃賓如；司馬高才，家徒壁立。婦則居窮若固，作苦親嘗，絜慨散以娛重闈，勤紝織以佐夫子，固已無閒交譴，不顧分飛。無何王君以堂上盤匜，貿難繼養；鄰前兒女，長欲成行。遂忍暌離，以謀事畜。燕臺橐筆，客子思鄉；蓬葆持家，閨人念遠。祇處金彈貂敝，蘇季難堪；何圖火色鳶肩，馬周遽夭。韓秋闈月苦，方催砧杵之聲；夏綠霜彫，竟絕刀環之望。蓋自王君之出十有四月而訃至矣婦於是泣至失声毀幾減性慟旅櫬之無託憂生計之逾艱代謀則親少期功分責則室無娣姒欲激昂尋死則寢门寂寞誰侍晨昏欲傭作依人則弱息零丁誰任顧復一息猶在數口焉資此則殫中郎愁女之絲未足傳其哀痛而讀騎省寡婦之賦莫能喻其慘悽者也某分屬葭莩心傷荼蓼愧巨卿死友之誼受張堪知己之言追憶平生敢忘諸責顧以綿力莫效囷傾是用布告同人徧呼將伯庶幾集千狐之腋傾一勺之波活茲涸鮒惠不在豚計月以頒施不求多隨願以給但使遺孤成立即為止息之期行見苦節完貞悉出矜全之賜死而有識應將草結以酬恩福不唐捐請以芻言為左劵 見愧庐文鈔

補題王廉州霜哺圖卷爲節孝沈母陳太恭人作癸卯七月

咸豐庚申余年十五秋七月偕先兄根仙先生奉吾母之先君子金華府學任所未兩月而粵寇竄壽昌時婺守程君恩綸檄先君策防禦事不逞内顧先兄則奉母挈眷避寇於永康蒼黄乘小舠逆流行三日餘始達依沈鴻軒姻丈家僑焉時寇退僅半載户牖猶殘破棲居者兩月餘暇則与鴻丈譚笑爲樂先兄時年十八已負時譽一日鴻丈出示廉州王太守照所繪霜哺圖卷乞題并請叙其尊慈陳太恭人節孝事於上以垂久遠先兄諾之而未果亡何寇退余家由婺歸里則歲云莫矣明年四月永康反婺郡先後不守九月吾越亦陷而我兄先於六月病殁矣於虖自此迄今忽忽四十餘年耳不特余家与沈氏皆年世遞嬗人物代謝即

国家由乱而治由衰而興其遷變亦不知凡幾而余以孱弱之軀雖齒搖髮秃老態龍鍾猶得僅存於人世不已悲乎回憶康州此卷以霜哺命名大抵爲表章節孝而作惜余時猶童騃其題識暨氏族爵里均已茫然即此卷存歷兵燹亦不知尚在人寰否而惟陳太恭人之節孝則不可以不傳及此一息尚存筆之於書以償我兄之宿諾亦藉待他日輶軒采風闡幽表微云尔謹浣毫滌硯而謹書之曰

太恭人陳氏爲山陰　公之次女余俞氏外祖妣陳太恭人之女弟余母幼而失恃爲太恭人所親愛故事之如母焉太恭人在室即以賢聞既長歸安倉鎮俛仰之樓經元貴之子渭溪贈公如墳公嘗賈於永康因家焉後以訟斁其資含憤而終時兩親在堂

而孤俱稚所遺賈區出入不能抵内外岌岌幾難措手太恭人則仰事翁姑孝敬備至俯字遺雛以毋代父教之成立以其餘力持門戶修闌闠收拾餘燼擇老成者任之而其幼弟炳輝自越往投則但優饘之而未嘗假以事權經營十年舊業大振歲凶邑人爭以田來質勉受之及秋而倍獲桑貴蠶者食棄茁於其門高与檐齊輒留而育之已而絲賈大昂利市十倍自餘居積轉運靡不獲益若有陰相之者永人呼爲女財神云又十年積資愈饒分設賈區於遠近馬頭源通貨泉千里相屬巍然爲婺州冠蓋太恭人明大義多智略又善用人市井小夫皆樂爲之効又好施予濟困振窮頌声載路矣太恭人嘗甫歲回越掃墓我母伺其歸則逆之來盤桓數旬見我兄幼慧能文又頎偉而行竺許爲大器又許以女

孫字戒弟子詒誼更密已咸豐季年粤寇南下沈氏所在貫肆悉罹燬掠太恭人每盡惕之庚申寇偪永康太恭人預置田宅於安倉遣其子婦先期規避及城垂陷已始出走已而寇退辛酉春太恭人再之永甫匝月寇遽大至復瀕危而行猶以金條脫二十餘分纏兩臂乘肩輿疾馳三日夜還越中然自是得怔忡疾神識時淆又轉徙窮鄉者兩年壬戌九月太恭人卒于安昌西市宅正寢年六十有　其兩婦數月前皆病殀時吾母方避地其家附身之事悉躬相之盡哀盡礼冬其二子奉柩權厝於原田中累磚以為椁明年正月寇平其二子次第赴永康收田宅一月中相繼中疫以殁又八九年太恭人之姑陸太恭人年八十八而終其兩孫營窆於孫家溇之原既成并以定太恭人迨啟椁積水盈棺重不可

舁募百人㩦舉而措之於高坡鑿孔於後和側其棺則水噴薄而出如瀑布然自朝至夕尚不竭時余往會葬目不忍睹又以日暮道遠先辭歸不及執紼送窆至今尚歉仄也太恭人生二子長曰家政字亦齋候選同知次曰家佑即鴻斬（軒）文始以国子生應鄉試後兼讀律援例以州同知候選二（孫）曰庭森字玉階其妹曰慶即吾弟子詒婦也皆政出曰庭鯉字訪梅亦讀律游幕佐出俱早世曾孫八人森生三子某某鯉生二子長曰樂天字希白善名法為皖南諸侯上客益見太恭人之遺澤長矣余既叙次太恭人節孝事復合采志傳例詳列其家世子孫具右俾附於家乘以詒後人復著論於後曰

歷稽載籍仁孝所感輒致烏異自虞舜曾子以下班班可考指不

勝偪王廉州之作霜哺圖殆借此以風世予而漴俗不察輒以烏能卵翼其雛艷称之曰慈烏并引漢童謠一年生九雛以相證不知凡鳥皆能將雛何必烏〻之表異正異其能反哺也孝也觀太恭人由節而孝由孝而慈而沈氏之门户賴以大振天道固彰〻矣

錄王也軒先生文集

貞壽史孺人事蹟　紹興縣會稽〻山坊

孺人為任甫公配年十四歸公時敬勝公方官山東布政司理問孺人隨侍任所會　大兵破居庸關南下築長圍攻濟南城崇禎十二年正月二日城破敬勝公協守北门不屈死之任甫公亦被執死家屬坐大明湖冰上冰陷俱溺死惟孺人得抱遺孤從城出遇亂兵殺掠刃傷五六處仆積尸中三日復甦蒲伏入鄉落匿民舍歲餘縈環公訪知始往迎歸自是長齋疏食惟撫孤為事孤既娶而殀又撫孫以待長成苦節八十年壽九十六乃卒孺人自言被難時昏夜若聞官吏唱名者至孺人曰當有後已而果然其兩腮及領頦創痕縱横縷縷如畫見者皆駭愕謂不愧忠臣家婦云

見姜氏世譜

紹興縣志采訪稿

祁太君事蹟　紹興縣會稽之山坊

太君祁氏父諱彪佳前明巡撫蘇松都御史殉難贈太傅兵部尚書謚忠敏母夫人商氏為姜桐音公之元配也商夫人故擅翰墨太君幼偕女弟輩誦習書史以工詩聞及隸公夫婦相為師友暇即分題授簡唱和成集鼎革後遭家多難桐陰公以憂憤謝世遺孤子五人長即吾師煜菴公也臨歿以囑太君太君慟哭受教即柩前取生平著述盡焚之縞衣疏食力撫諸孤喪畢猶服喪如故煜菴公兄弟五人涕泣跪請謂先王制禮不可過太君曰吾以志吾痛當終身以之必欲從所請者姑發憤自勵俟有成名賡報爾父地下矣言畢淚潸然下自是不敢復請時煜菴公与詡菴公並補地弟子員益奮志下帷期慰親志北溟公以家務廢舉子業而

莫野公甫七齡菊裳公甫二齡太君口授經書句讀不令出外至學文時始就里中能文士受業焉庚午叔菴公以選拔教習授縣令煜菴公復以易服請太君曰士人當科第顯揚明經授職詎足為榮至癸酉煜菴公舉浙闈鄉書婉詞固請乃許之丙子叔菴公又連舉浙闈於是越中文士暨海内名公卿咸作為歌詩誌其事謂太君終身縞素勵子成名足光史冊而垂天壤也太君之節洵不朽矣嗟乎桐音公歿于康熙戊申越癸酉二十有六年太君茹荼啣痛者亦二十有六年卒之科第接踵詩書濟美太君之苦志賢声亦永永無極天之報施欲顯其真先屯其遇有以哉太君詩無復留存諸選中偶見一二將其少作以閨秀擅名固非太君素志也見姜氏世譜

皋部沈氏宗譜歷世傳贊銘狀

第九世車恭人行狀　南山配　沈橋

先室姓車氏，諱妙恕，弘治丁巳十月初十日生，年十九歸予，年僅三十有四而卒。卒後二十七年，嘉靖丙辰始獲葬。越五年，而墓中之石尚未有銘。先室素有大夫志者，今若此，則橋負結髮多矣。茲特述其梗概以請。妻父儀鳳，號全菴，有文名。祖父份，號改軒，慶遠知府。祖母沈氏，封孺人，是即橋之從祖姑也，以故妻父視先君為中表。妻母胡氏，外祖父晳，號質菴，孝感縣知縣，祖母陶氏，即橋先妣章恭人之舅父母也，以故妻母視先妣為外兄，蓋世戚云。全菴為質菴館甥，先室生於貳室，甫歲餘，秀慧不羣，父母及外祖父母咸甚愛之。及長，橋以世戚故，得時時揖見妻父及改軒、質菴二公，俱以白眉相許，而不意先室遂命字矣。正德乙亥十二月三日，橋奉先君命親往奠雁。時改軒即世，質菴偕先室至舍，橋大父玉菴以礼迎見且喜且戒踰三日乃别明年予下第先室勸橋勵志同讀書常以寸陰為惜不患功名不可得也是歲十月長女壽貞生丁丑予患足疾頻於死者屢矣先室延医調理裝篋幾空每夜露禱北辰請以身代或見張恭人色不懌寛言慰之退則撫病依席淚如雨下戊寅正月長子雲翰生庚辰春病始愈先室語橋曰君病三年學之閒也久矣今既痊盍復館之於外予橋許諾於是家務悉先室主持上自祖父母与父母而下及子孫女祭祀之供設親戚之往來食御贈答惟先室樸之而豐儉厚薄各當其可大父素嚴介慎許予於先室獨曰此賢婦也嘉靖乙酉二月次子雲翀生戊子八月次女壽順生自庚辰以至是時讀書在外者凡九載而屢試不第者復三科先室曰豈昔者諸大人之言不驗耶抑子

之學猶未足以致之耶或胡孺人之墓宅不利於子則往返徒自苦矣橋聞之亦直置之庚寅八月先室疾作執橋手言曰妾夢不祥得非茲病之不可起乎橋曰卿弗憂茲小恙耳夢固不足徵也自是医禱卒不效至九月八日遂長逝聞之者莫不哭之甚哀嗚呼夢耶而竟成永訣也耶初族人有貸於橋者諾之而無以應先室曰失信於人不可也遂脫簪珥使質而与之其成橋之美有如此者雲翰從家塾回必問其習何業夜必令讀書已執女紅以伴至更深方容就寢日以為常於孝經列女傳咸能通其大義故孝以事上和以處衆婦道之善嘖嘖羣口治家有節制粒米寸絲不妄費肄橋十六年箴規護恤使橋得學雖荒而不廢病雖劇而復瘳而致有今日焉者皆先室内助之力也自先室卒後踰三載癸

已我繼大母毛孺人卒卜葬於橫山之原乃始遷胡孺人之柩而改葬焉踰三期橋中順天鄉試辛丑成進士人謂橫山之鍾美而不知先是已言及於胡孺人之墓者先室已早有以啟之也乙巳蒙敕贈先室為安人丙辰又贈為恭人卒之年十一月某日厝先室於皋平池館之側蓋橋讀書處也至丙辰九月某日附葬於先君上凰山新阡子男二即雲翰雲翀俱郡庠生女二長即壽貞適山陰郡庠生朱以良江西道御史思塈諱麗仲子也孫男三應順應慶應諧女二長適同邑庠生陶某山西按察使司副使同野諱大有仲子也次許聘山陰國子生諱博之子即松溪孫也敢有望於立言君子倘賜之採擇而辱之文使橋得勒石以納諸墓中則先室之有丈夫志者庶不致於泯沒而橋向之所負於結髮者於

此亦得以自蓋焉貴州布政使司右叅議沈橋謹狀

見觀化亝隨録

第七世桂軒公配吴孺人行狀　　沈蓋

先妣吴氏以勤儉相家君能持大義事有不合時宜者輒勸止之其於祭祀賓客必親治具備極豐潔祖一無府君鍊其仲女於慶遠知府車份必命祖妣陳孺人与之計陳孺人卒執喪尤謹獨出私匳以助喪事一無府君卒兄弟妯娌間尤能喻以大義厥後家遭回禄先妣与不肖輩廿淡泊者二十餘年命諸婦以婦道課子孫以讀書一遵先世遺命及援引古人語以為勸戒正德歲丁卯不肖領鄉薦客賀先妣先妣曰吾祖宗積德百有餘年一徵於從舅甯國府君今於吾子再徵祖宗之賜也吾何有焉其謙恭厚重有如此先世舊有宗祠久而傾圮先妣命重葺之及落成喜曰吾祖宗之灵得有所依矣族人有不協者必解止之或不听反必曰

悔不听太孺人之言蓋和鄰睦族敬上愛下婦道母儀悉足為人師法者先妣膺疾七日而卒卒之先五日尚梳洗如平時躬修蘋藻以薦新先二日猶強起沐浴卒之日斂衽整容拱手而逝寔正德十三年七月十三日也距生正統三年七月二十三日享年七十有九子男五長藻次芹次即不肖次藝女一適同邑封太僕卿章公之孫檠孫男十四長擒次諫棨楫果榮楊桐柏東東東孫女十曾孫男三統紹纁嗚呼不肖哀子既不能盡衰崇之禮於存日死不能亟圖後事罪將焉逭將以己卯季冬十二月二十四日營葬於會稽龍山祖妣墓側惟壙中石未有刻辭用家君命銜哀具述先妣凡行梗槩伏乞當代立言君子采擇而為之銘文用垂不朽存歿不勝哀感之至

皋部沈氏宗譜歷世傳贊銘狀

第十一世鄭節婦傳　徐夢熊

節婦鄭氏者，本邑倉塘女也。夫子應恕，字完裒，謹身力學，孝以事親，友以事兄，而刑于之化，琴瑟之諧，幾及十年。萬歷庚寅歲八月，翁近源病故。壬辰，完裒肄業北雍。十二月朔，生子仲殷。癸巳三月，完裒疏卒于家。鄭氏擗慟幾不欲生。當是時也，近源之服未及三朞，仲殷之孤不滿百日，而代之繫幾如一綫，自人視之，孰不岌岌乎危之哉！而鄭氏節哀哺負，歷寒暑，易春秋，愛則予之，憎則止之，心爲之体而身爲之瘁者，鄭氏固茹荼而親嘗之者也。惜乎旌獎無文，是以後之人亦少傳焉。仲殷少明敏，鄭氏延師課之，及壯，授之以室。既而舉長孫益三，而仲殷得爲諸生，則使近源、完裒二代

之得以承傳者鄭氏之力也余固仰其爲人以其先行寔多不詳
余甚惜之益三余内戚也嘗謂余曰今吾子姓之寖昌祖母之賜
也吾少時患氣弱祖母往往以己氣續之既就學矣或書室無偶
雖更深祖母必然燭以待即吾以觀祖母之視吾者已如此則昔
之視先君先子者其憂勤更不知何若矣言已繼之以泣既而曰
不特此也祖母自孀居後其出入一听之伯祖然族中有不洽者
祖母亦往往多私厚之一日吾自學歸值老嫗持糟粃出曰此鄭
夫人賜者啟其底而視之盡粟肉也於是持者乃以寔告蓋所謂
私厚之者類如此吾侍祖母同寢處者十有六載故能知之時益
三之爲予言者雖甚畧然亦尚多奈予老邁善忘不克盡憶噫世
之稱節婦者節焉已矣以節兼慈難已而陰行其德又以節而能

兼之古今雖多賢婦如鄭氏者幾人乎哉使鄭氏撫孤之時有一能言之者載之書籍則益三之能傳或不盡傳及今爲余之能識与不盡識今日亦尚可考而已無之則前乎吾者無乃其責有不可辭乎雖然後之視今亦猶今之視昔也而吾用是懼矣故敢序其畧而爲之辭

第十二世烈女壽姐傳

壽姐者沈應節女也母蕭氏早故依伯母呂氏崇禎辛未年十七呂氏隸窩從伯母張氏窩有狂且者輒欲污之姐堅拒不從乃得脱晨起整容上樓神色自若頃之遂服滷變作其子鶩趋問故曰汝父知之遂絶時十月十四日也山陰刘念臺聞之立傳以紀其事郡邑誌具載迄今族衆附祭四世祖祀

第十四世節母王氏傳　陶汝驥

節母姓王氏，同邑以章王公女也。少失怙，母吴氏保愛之。生而醇謹，稍長習女紅，執勤不懈，事母以孝。甫年十六，適沈君參可，親翁僅十一載，而雨驟風狂，鸞孤鳳隻。當斯時也，節母固已視死如歸矣。第念堂上之姑何人奉養，而懷娠六月，天或不絕吾夫一嗣息，上承宗祧，下延子姓，所關者大而遠，非徒一死報吾夫謂可畢乃事也。於是姑緩須臾死。閱月又四，果得遺腹子，名永元，即余壻也。是天之所以報節母，而亦即節母之所以報其夫也。然而撫弱孤成人大非容易，訓以大義，教之讀書，節母寓慈於嚴，凡能晝荻以母道而兼父道、師道焉。其子爰能恪遵母訓，身自奮勵，又率吾女奉湯沐，侍飲食惟謹。節母於今乃得含飴而弄孫焉。不甯惟是，恭逢聖明激揚風化令府在督撫學臣援例題請旌表節孝當節母花甲之週永元已据實陳情獲邀重典堪垂不朽因為之傳以畧記其始末云見覌化叄隨録

紹興縣志採訪稿

十二世范太宜人傳

宜人姓范氏，爲予曾王母節孝范太恭人從姪孫女，父藝圃公諱貽芬，乾隆甲寅副貢生，母氏王宜人，於乾隆壬辰年生，与予同庚。幼嫻姆教，稍長如成人。初宜人之曾祖蘅洲公諱家相，以進士官刑曹，盛負文望。先君子晚園公領乾隆庚辰鄉薦，會試留京，曾受業门下，宜人亦逮事蘅洲公，因是遂聯姻焉。宜人年十七歸於予。予之生也，在晚園公宰宛平時，生十四月，先妣金恭人見背。嗣晚園公由天津道

予告歸養，予年十四，隨侍南下。既授室，晚園公辭世。服闋之日，諸兄議析居，予泣諫不聽。念自孩提至此，年甫弱冠，而風木悲長，鴒原影散，煢煢在疚中，風雨一椽，傷心飲泣。宜人亦以不得仰事舅

紹興縣志採訪稿

姑相向哭失声每逢歲時祭祀必誠必敬數十年如一日而又推
其敬愛之心事予兄如舅事予嫂如姑下而子姪輩行無不視若
己出蓋孝弟其天性而詩礼之濡染者深也宜人育六男二女乾
隆辛亥長女生嘉慶丁巳長子元祁生庚申次子嘉澍生壬戌次
女生乙丑三子元泰生丁卯四子嘉穀生辛未五子元燮生甲戌
六子嘉禾生先後三十年鞠育綦瘁予先以食指漸繁棄書而賈
而幕冀獲微資為俯育計而所如輒不合宜人諫予曰夫子既不
克讀書貨殖又無所利是天之玉成夫子也祖宗書香一脈如縷
盍課子以圖遠大予然之時在嘉慶庚午歲元祁嘉澍元泰嘉穀
已先後就塾予為宜人繪秋香課子圖遂延師督課不少假越五
載甲戌元祁入邑庠第一宜人囅然曰此讀書始基也道光辛巳

嘉澍以縣試第一入邑庠是年予与宜人年五十兒輩思獻一觴為壽宜人愀然曰予聞晚園公平日慕范文正公義田之舉天不假年齎志以歿吾宗子姓衆多今不如昔曷不急為籌之以善其後人生五十不足言壽也予聞而惕然予家自大父介菴公下同堂兄弟与予輩行者九人爰相与熟籌就晚園公遺田五畝益以公捐私捐田十畝有奇予以所入歲權子母凡十年得田四十畝自道光壬辰年始介菴公派下孤者寡者各予月廪俾無凍餒此皆祖宗遺澤而寔宜人一言之力也甲申元泰入邑庠庚寅元燮入邑庠辛卯予与宜人年六十元祁秋闈告捷自晚園公領鄉薦後至此已七十二年宜人喜元祁之克繩祖父武也典釵為報捷者犒癸巳嘉穀入邑庠甲午元泰舉于鄉宜人嘗以元祁留京三

載悒悒不能釋至是予亟命元泰北行丙申嘉禾以縣試第一入邑庠宜人喜謂子曰晚園公以秀才起家今諸子均能讀書入泮所以衍祖宗書香者庶幾在此予二人始願豈及此哉然自嘉慶庚午至此二十七年中兒輩讀書應試暨婚嫁費無慮萬餘金先人薄產已盡而積逋亦纍纍矣幸嘉澍先於十年前改習名法游幕江浙間嘉穀嘉禾亦先後從學有成館穀所入藉以贍家寒素生涯宜人處之怡然也是年宜人患脾泄幾殆元祁元泰先後歸省疾既瘳元泰仍計偕北上己亥元泰考取國子監學正庚子會試成進士改翰林院庶吉士賀者盈門宜人曰沈氏自前明由吳興遷越三百餘年從無以進士起家者今元泰春闈偉捷獲廁清華豈學問使然哉亟寄諭謂祖功宗德遺鍾於爾身宜加勉焉辛

丑元泰授職編修是年予與宜人年七十元泰乞假歸省宜人深
以為慰不料嘉澍於九月間患肝厥勢甚劇比元泰歸不三日而
嘉澍死矣嗚呼予家十餘年來數十口衣食計惟嘉澍是賴歷年
宿逋亦嘉澍償之而嘉澍竟死且死無嗣嗚呼天之絶嘉澍耶抑
天之絶予耶兩老人哭之慟命以元祁次子長新為之嗣嘉澍死
後無絲毫私蓄宜人以其孝而賢哭益慟先是宜人於壬辰年左
目失明醫者謂氣衰血枯不可治惟右目尚可保然不出十年必
盲至是而其言驗壬寅元泰假滿將行是時予家食指更繁宜人
以年老目盲不耐煩為諸子析居先人敝廬命長子偕嘉澍子長
新居焉嘉澍先有積錢千五百緡亦舉以畀之餘四子各僦屋居
請予二人就養宜人居元燮家謂之曰爾隨次兄學未竟次兄死

予甚憫焉予為爾留三年爾其竟厥學時在壬寅四月也移居甫二日促元變負笈武林九月元泰入都臨行含淚送之宜人向於諸子遠遊從不作離別可憐之色至此自傷其老矣癸卯元泰充湖北副考官甲辰充順天鄉試同考官宜人每聞報必令孫女輩扶掖中庭北望稽首謝

恩者久之猶憶元泰典湖北試時正考官為貴州蕭君時馥宜人謂予曰元泰一末學後生耳掄才任重任懼弗勝盍亟馳諭事事必質之蕭某予曉以關防不得通書宜人笑而頷之然宜人平日所以教子者于此可概見矣甲辰冬宜人左頰患瘡比痊老景日增飲食亦日減然尚能勉強起坐至乙巳四月初旬病益亟四五大三子假館杭衢間予馳書促歸百計療治醫者以為年老非病

不可醫先是元祁授徒按察使署是年三月抱病歸至是月十八日死吁元祁乃吾家讀書種子也諸弟之學皆其陶育而成此外從遊弟子登科第者不可勝數乃爲家境所迫舌耕筆耨三十年卒至心血枯而身命喪寔切慘傷予以宜人病亟危戒家人匿不以聞而宜人已知之五月朔宜人自知不起沐浴更衣執予手而言曰予年逾七旬死不足惜所幸諸子讀書成名尚足見先人於地下官幕一輟若稍不自持必至上負

國恩下墮家声是在夫子隨時督飭之時内外男女四十餘人環侍左右宜人一一握手与别勗以爲善最樂並諭以此身乃全受全歸勿過哀惟時吾村土穀祠後大橋將圮里人議重建宜人曰吾沈范二姓世居王府莊歷邀神佑不可無以成之遣元泰以甲

辰秋冬俸金寄奉甘旨宜人屬予授司事爲勸捐者創且曰橋以
南沈氏居之橋以東范氏居之橋以北予二人之兆域在焉予魂
魄其常戀此鄉歟氣靜詞和絶無世俗好生惡死之見延至初三
日戌時含笑而逝享年七十有四嗚呼宜人自壬寅四月就養元
燮家屈指甫及三年昔之所以諭元燮者至此竟成讖語豈不悲
哉予与宜人伉儷五十八年備得内助之力中年以後子婦成行
孫曾亦蕃衍私冀一庭聚順予二人克保餘年乃長次兩兒先後
去世宜人復一旦舍去撫今追昔方切黯然不料長女適孫氏者
又於七月十五日病卒九十日中死亡相継極生平未經之慘訃
至都下元泰匍匐赴是年十月恭逢
皇太后萬壽覃恩予与宜人均得仰邀

封典追
勅命至而宜人已不及見矣臘月既望爲宜人卜葬於吾村花阪之田原古謂葬則神依於墓予於無可想像中念宜人一生無日不憂勤惕厲惟於諸子讀書上進稍有喜色而所最心愜者惟元泰春闈報捷時爰繪古林春喜圖懸之寢室香一炷水一盂晨夕供之久思叙述内行垂爲家範乃老懷棖觸筆甫舉而淚隨之作而復輟者數四丁未八月諸子甫服闋嘉禾自武林歸一病不起又於是月二十三日死憶宜人疾革時屬予就養五六兩子家此宜人愛憐少子也予不能與嘉禾相養以生嘉禾之命使然耶抑予之負宜人耶泉壤有知能無責我今年元泰進京供職四五兩子仍餬口四方予督課諸孫第三孫祖慈以縣府試第一入邑庠

宜人嘗以孫輩得繼書香爲望，此真足慰宜人於九京者。予數年來老淚縱横，得此爲之一慰，無如喜不勝悲。九月間第十五孫三壽死，此子爲宜人生前所屬望者，予因而鍾愛特甚，含飴之樂將以娱老，天何惜此孩提者而不余留耶？余心滋戚矣！歲暮無聊，信筆書此，且舉數十年悲歡欣感併記之。至宜人生平隱德，如救人之難，濟人之急，容人之過，以及成婚姻，全骨肉，保名節，不可殫記。所謂積善以貽子孫，其在斯乎？發潛德而闡幽光，是在賢子孫心爲俗述，予固不必顯言之也。草甫就，諸子乞付梓，予聞之，禮曰：内行不踰閾，予非爲宜人撰行狀也，惟望當代大人先生賜之銘傳，爲家乘榮，則感且不朽。道光二十八年歲次戊申十二月既望，會稽沈鳳墀書，時年七十有七。見會稽沈氏家書卷七

十四世賢書妾金氏殉節畧

金氏沈椒生之適室也蘇州民家女性淑婉十七歲歸椒生能循婦道咸豐庚申春粵匪竄浙境椒生館桐鄉聞警挈氏歸道經杭州甫入城而門閉越數日城陷椒生惶遽不知為計氏曰君有親在堂有嫡在室繼嗣無人君死則一家已矣為今之計妾死君逃為上策椒生曰徧地賊蹤從何而逃與其害於賊也不如偕死氏曰死於賊數也若自捐軀何以對堂上椒生曰不同死則同逃不同逃則同死氏又急切而言曰君萬不可死妾萬不能逃其理明甚君何疑焉妾非願自戕也實有不得不死者二倘為賊所擄何以對君此不得不死者一也妾不死君斷不肯舍我而逃因妾而陷君於不孝妾罪莫大焉此不得不死者二也妾志決矣請勿疑

言畢遂自經椒生飲泣而逊得免於難賊退收氏屍而瘞之顔色
不變上其事於有司請
旌如例嗟乎甘為玉碎無為瓦全此烈女子所以視死如歸也觀
氏處死之言非但保一身之節併欲全沈氏宗祧之計氏死而椒
生生椒生生而氏不徒死矣其賢矣哉同治三年甲子豫章豐城
徐傳晃記見會稽沈氏家譜卷十

徐皆木聘室貞婦朱孺人山陰籍過門守節

金某聘室姚貞女年十五聞夫喪拜辭母兄殉

陳息凡之母董氏節孝

高戴平之妻鍾氏節孝

丁階之女李占庭之妻丁氏節孝

沈恒久妻黄孺人苦節撫孤

王継本之妻孫氏夫死殉節

王杏園妻賀宜人鄂省殉難

以上山會節孝八人録躬恥齋文詩鈔見觀化齋隨録

山陰林烈婦墓在西郭門外育嬰堂之西

烈婦爲惡姑磨折死有案

只拚將一死全貞庶幾林氏子孫此後傳家成節齊

畢竟是三生冤業爲語越中士女勿因弱媳咎高堂

咸豐年間越峴山人任御史時憫烈婦之死烈奏聞於朝奉

旨旌表並撰右聯寄有司勒石墓前

豈許纖埃污白玉

灼若芙渠出緑波

右聯候選道權知紹興府事長白恩符書

山陰唐烈婦墓在西郭门外虹橋西南

皇清旌表節烈山陰唐烈婦碑

郡西三里有咸豐間山陰林烈婦墓貞岷嘉樹与山川相映發過者猶能道其已事至有欷歔下泣者盖以見節義之所激發志氣之所感通有不知其然而然者矣復數十年而又有唐烈婦事烈婦山陰姓陳氏年初笄適同邑唐晋發五年晋發死烈婦無所出姑以家貧謀嫁之烈婦執不允一日姑与媒陰謀嫁蔣氏紿烈婦使他往既至烈婦始知之大哭屢覓死蔣懼歸其姑烈婦自此不食不飲或勸之泣曰吾能再為紿耶吾甯死耳卒不食七日死大吏聞其事得旨旌表如例嗚呼烈婦之遇亦可哀矣夫烈婦一窭家子耳非有礼儀之習熟也非有故事飫聞而涵濡之也乃百折

不迴就死如歸若是人之生也莫不有死其能順性命之正而死者是得全所受于天者也是亦可以無憾烈婦死六年匶未葬邑之人謂可以風世勵俗且与林烈婦後先相望乃購地于林墓側葬之吁後之人過其地者當益有道其已事欷歔不置者矣是役也曾邑侯壽麟徐部郎樹蘭任孝廉官燮張郡丞嘉言范二尹臺寔共成之郡丞終始其事時光緒九年十月也幽魂既綏爰勒樂石其詞曰

女貞之木貞且堅越溪之水清且漣興頹激濁厭高冢之巋然

翰林院編修國史館協修山陰鮑臨撰

覺羅漢官學教習知縣會稽陶濬宣書并篆額

隻身本末亡人也視死如歸敢忽會言姑惡唤

隣塚亦守節婦耳入里必式欣看木種女貞多
大節出窮嫠從一而終誓死敢嫌姑不諒
遺阡隣烈婦無獨有偶流芳常与石同貞
右兩聯知山陰縣事曾壽麟撰
見覌化坐隨録

皋部沈氏宗譜歷世傳贊銘狀　列女

第五世沈源妻俞氏節行傳

鎦師邵

沈節婦俞氏者山陰石泗里俞宗之女也年十八歸會稽皋埠里沈源令儀懿行見稱宗姻詢沈氏素有家法時源父宝善翁雅以嚴馭下其配錢氏總持內政尤有矩度內外嶄然分寸不敢違越俞承上接下無或稍愆於度人皆以為難未幾源以客（富戶）死事客死京師俞年僅二十有六辯慟幾不欲生朝夕侍喪次比服闋無少怠自是起居食息愈以礼自防家固殷日事女紅稍或詢勿樂也初源遊京一女生甫晬俞方娠及源死閱五月而子悅乃生俞鞠育愛護度日如年甫齠齔即令出就外傅雖甚鍾愛然每事訓飭往往嚴勝於慈悅既長克自樹立而家亦昌大人咸謂俞善教所

致也俞今年六十有一矣尚裁制檢束兢兢猶昔云於戲先民有言匹配福之原也自俞歸沈得賢婦矣不幸源死惟茲遺孤危孚若一髮之引千鈞賴俞撫保訓飭得有今日則致沈氏之福者非俞而誰哉易曰安節亨夫節以乘剛取陰險慎守不變為義節而致亨惟其正焉俞氏有之矣其能致沈氏之福也固宜予与沈氏交最稔知俞之事獨詳茲悅懼母行之久而弗彰也屬為傳以垂久遠因為具著顛末庶幾他日之觀風者有採焉

第六世孝女惠娟傳

以惠娟而得附祭於父且得附祭於弟則如北宮之女嬰兒子之為人洵可知矣嬰兒子撤其瑱環至老不嫁以養父母趙威后稱其率民而出於孝惠娟以父死弟幼患失母歡於是誓不適人求

以終養至今傳之而視其附祭有良然者不然以未嫁之女而附而祭之亦烏能相承而至今日哉弟節菴諱恆惠娟之所附祭者也譜稱其次曰燧曰懷姊曰惠娟皆先卒雖然惠娟果早夭曷附祭既祔祭則所謂曰燧曰懷者亦猶夫姊也而曷獨否又惠娟墓在節菴之左而曰燧曰懷則并不可考如此則惠娟之誓不適人而求以終養者蓋無疑矣譜作於正統丙辰蓋丙辰之先三人已亡是以謂之先卒也曰燧曰懷之早殤固不可知而惠娟卒時亦斷斷二十有餘矣惠娟年未及老其志有足採假令天假之年吾知其行必有如是焉者今之附祭用以識惠娟之德之不可忘也嬰兒子而復生吾知其慶同調矣嗟夫今之為女者未笄而輒思適人其狠若盜不顧父母之養以彼視此其相去豈不甚遠乎哉

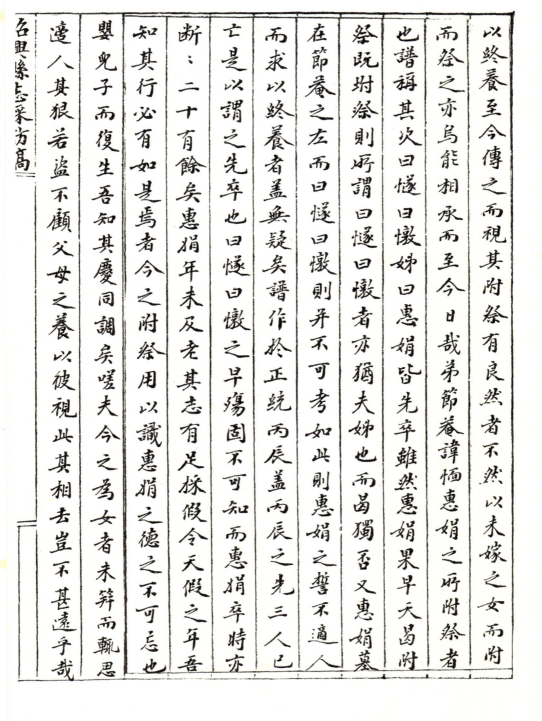

第七世一門慈節孝傳　沈橋

我伯大父配徐孺人大理卿諱初之孫國子博士諱光大之女也其側室亦曰徐錢塘士族女也伯大父諱瑋字文元號木翁年五十餘孺人夔惟子夔字德卿是為橋從伯徐生子著字德昭是為橋從叔孺人視徐為妹徐視孺人為姊閨門和好人以為樛木螽斯之化云無何德卿卒而木翁亦繼卒時孺人年四十有八徐年二十有二煢煢處守所恃以為終身計者厥惟德昭而德昭生甫歲餘於是孺人告徐曰夫子亡矣今著在猶夫子也能善視之乎吾与汝俱徐曰夫死從子婦道也妾雖卑敢自異乎當之死以之孺人与徐日惟德昭是撫未嘗跬步出門外德昭日侍左右孺人每訓誡諄諄舉以危言策之德昭承命謹凜不敢持愛而驕夫是

故徐甚安焉及壯則授之以室自木無卒後孺人雖甚戚每見德貽則喜形於色或暮歸輒倚門而望勸之先寢弗就也有疾則醫禱百出鬱鬱不能釋德貽視孺人膳必擇所嗜者以進意所欲為必竭力致之每夜必視寢定乃退曙即佇立榻前遇壽日必盛筵張樂以娛之及卒哀毀幾不能生徐歸木無方二載木無即世徐以苦節自誓歷五十餘年玉潔冰清直如一日視古之剪髮斷臂者豈不更從容中道乎而至於徐之撫孤及德貽之善事其所生更不必言矣故予於孺人有以觀慈焉於徐有以觀節焉於德貽有以觀孝焉夫慈節孝天下之激行也以三者而萃於一門天下之盛事也橋親見之而顧使之泯滅無傳已耶有美而弗彰罪將安歸橋於是乎作慈節孝傳

第七世沈母胡孺人傳

劉宗周

肯構沈公生三子曰璐曰球曰璉璉號誠齋配胡氏生一子蒙娶妾張氏無出蒙幼多疾難望成立一日出痘甚惡氣已絕人有利其家業者方以爲幸胡抱蒙置膝上哭不止忽有丐婦見曰此火瘡也置諸冷地可活攤席試之須臾果甦丐婦不知所往人以是知誠齋後嗣之必昌也蒙於痘瘥之後胡與張極力調治諸疾皆去且強健而又保護甚謹受侮亦少迨後有姪承祖父之名充斗級誣以侵欺充戍誠齋謂胡曰此不可以坐視若非赴京訴部事難追也胡曰姪猶子也且承先人之名辱及其親宜急去勿遲誠齋於是偕姪詣京其罪始雪將歸姪因他事逗留誠齋偕伴先行囑姪事畢赶上不意中途誠齋病發而歿同伴代爲殯殮及姪到

而柩已寄於臨青寺矣訃至家胡悲不自勝命子蒙往撿柩隸胡大慟久之曰夫子客死他鄉未曾親殮難別真贋時值寒冬遂啟棺審視面貌服色而後改奠棺安葬其詳慎有如此者誠悫既殁衆議分居惟時外宅二所距祖屋皆半里許議令得外闈者益田予之胡曰我寡甯捨多而得舊址衆從之乃与妾張共寢處情好較昔猶篤張亦素勤儉朝夕習女紅蓄積置產胡因名之曰織田並戒子蒙勿涉他事專志經書蒙遂學問優通既而為之娶鄭氏女嘗曰婦甚賢最當吾意余甚喜之隨囑其治家寬嚴相濟教子若孫動循礼法鄭敬听勿怠厥後蒙拔貢教清平縣學諸孫繩繩繼武咸登仕籍子姓繁衍家道寖昌向之利其家業者愧悔無地而胡均弗之計也享年八十有七而卒

第八世沈母鄭孺人傳

刘宗周

氏姑胡早寡治家嚴肅舉動一循礼法氏事之極孝謹遵姑訓無少違懈胡嘗曰此婦故賢最當吾意則氏之端莊淑慎可知矣氏系出名门父爲郡守幼嫻姆教勤習女紅並不自知其富貴委禽以後既悲尊章之早世不及見而又傷心於姑之賢德而又孀居也極意侍養奉務得歡心克相夫子勉令成名以顯揚其親迨後得拔貢士秉鐸清平縣學何莫非內助之力耶初姑歿後致敬盡礼無不周備以未及葬期柩尚在堂一日夫外出家內失火親隣咸顧已家皆倉皇搬散氏一人在堂喊救絶無應者當時火燄漸逼榱題將斷勢處危迫氏撫棺號泣誓以身殉衆婢女拽之出堅不听俄而風轉火威稍却遠近之人群來救熄雖頭額微有傷損

而未至焦燗樞亦無恙噫夫世之稱孝婦者謂其竭力致養病則封股祈禱而已至若危險之際萬難措置至死不顧甘以身殉者有哉此非其孝之出於天性真情流露不能自已誠可上格於天者而能致此乎故氏壽踰耄耋夫婦齊眉子孫衆多咸登仕版卓卓有政声者不可枚舉天之報施固不爽也余因其婦乃余族祖姑生平聞之最悉其善行皆不可以泯滅故特爲其家立傳者三世

見覌化弖隨録

紹興縣志採訪稿

姜天柱妻葉氏 紹吳縣會稽籍

姜天柱行文二十七亡時遺一子葉年二十九撫孤立節雖凍餓不更其志嘗曰餓死事小失節事大聞者韙之子長爲納媳生兩孫卒年八十有二

姜得仁妻陳氏 紹吳縣會稽籍

姜得仁廷梧第五子字菊裳行八早亡陳氏年二十八依嫡姪之珩四十餘年温恭淑慎族中無長幼皆敬礼之子二次早殤長納媳已得孫矣不育及晚年長先陳氏卒而陳氏亦相繼謝世苦節貞亮卒於無後悲夫

旌表姜坦妻金氏 紹吳縣會稽東府坊

金坦字汝旦行三京兆定菴公次子亡時年二十二金氏亦同庚

為江臬司諱鎮之女浙撫韓鉉嫡姪女也無子繼公錫為嗣足跡不出戶庭若室女然身出貴族而幽貞自矢不異寒素有人情所甚難者海昌陳宗伯詵題額以旌其閭乾隆九年奉　敕建坊送主入祠

旌表姜生申吳氏紹興縣會稽東仰坊

姜生申字又于行二幼扗文藝以攻苦成疾卒吳氏年二十八自此寂處一室足不踰閾閫聲寂無聞族人歎美謂堪為嫠居之矜式云乾隆九年題准建坊

旌表姜之瑕妻沈氏紹興縣会稽〻山坊

姜之瑕字揩玉行五生一女松姑即歿時繼子繁孫猶在娠閱兩月始生沈氏愛養備至比讀書偶不率必厲声呵斥令其就學處

妯娌甚和侍婢不計身值年長即為婚配遇善事必捐資玉成之
初瘢病大載沈氏盡罄奩資以購醫藥且躬自調治心力俱瘁遂
漸成痼疾不起卒年五十一乾隆丙辰循例請旌奉　敕建坊入
節孝祠

旌表姜公錦妻祝氏 治吳縣會稽東府坊

姜公錦行五蒼崖公子早卒祝氏為庚戌進士弘坊女時年二十
孝奉翁姑雖甚寒暑未嘗不在側公錦無子繼姪狀紀為嗣教
訓成立入国學納婦連舉三孫欣然曰無負先人矣卒年五十有
二乾隆甲子題旌奉　敕建坊入祠

姜士麟聘妻 治吳縣会稽東仰坊

姜士麟行二父向与何訂婚後士麟成心疾旋夭時氏父令山左

欲更擇壻何氏大慟曰吾已字于姜矣寧以生死二哉誓不適人依母家荼苦自守者二十年麟弟迎餗而立嗣焉未婚之女勵志若此尤涵德中所罕覯者

姜士銘妻倪氏

姜士銘字又新成婚一載即入都而亡倪氏年二十一室如洗又無所出有諷之他適者謂少而寡貧而孤將何所依倪氏曰此吾命也尚何適哉依母家以紡績自給倪氏向与士銘居樓上歲時必就所居而哭奠焉嗣有毀其室者祇存柱矣倪氏猶存其柱望空而哭哀声遠聞鄰族皆為酸鼻後母家又失依為送本菴朝夕礼佛以完其貞

姜大本妻鍾氏

姜大本字士原行一早亡生二子既而二子亦亡鍾氏世家豪華本係京兆後人亦足自給至是俱蕩然矣鍾氏時年二十六恬淡自甘若不知向時貴盛者撫姪端爲嗣貞操慈訓人無間言

旌表姜繩祖妻周氏　紹興縣會稽東府坊

夫名姜繩祖字學山邑庠生周氏於夫卒後勵節松筠歷數十年如一日嘗於東大地置墓田五畝有奇凡蘭峰公派下無力塋厝者亦得給葬地焉並以田之租息永爲祀産壽八十三而終乾隆戊子題請奉　敕建坊入祠

旌表姜大來妻金氏　紹興縣會稽東府坊

夫名姜大來字泰占讀書攻苦卒金氏青年早寡無子苦守貞操有柏舟之風嘗于楊巷置祭田六畝命姪遠載歲收其祖以承祀

事至今猶賴不朽焉卒年七十八嘉慶壬戌題准建坊入祠

旌表姜詩豪妻許氏係吳縣會稽東仰坊

夫名姜詩豪字卓如久客粵東許氏于歸之二載遂謝世許氏年甫十九易服毀容勉代子職嘗曰博得高堂一歡庶可慰良人于地下矣家貧日以針黹所餘資給甘旨凡賓祭之儀亦無減缺無嗣視夫姪梅如所生教勉備至以梅官貤封宜人道光辛巳並爲題旌　恩准入祠梅之子孫奉祀事焉

旌表姜鎮妻祁氏係吳縣山陰籍

夫名姜鎮字震遠弱冠早世家無立錐祁氏秉德幽嫻至是益矢貞靜内外秩然若不知家計之難守者撫孤子成緒教勉義方里黨有賢婦名卒年六十四道光戊戌題旌　恩准建坊入祠

旌表姜夢鯉妻何氏紹興縣會稽〻山坊

姜夢鯉字禹門順長子任福建拿口司巡檢卒于官何氏家居聞信慟絶良久乃甦遂屏卻脂御釵環仇倚扃置笥中以示永不服用閫範甚肅雖家人未嘗見其笑容足不踰閾者三十餘年代夫奉養高堂曲盡孝謹督課遺子為納婦連舉三孫慈訓懿型至今猶為矜式云道光十四年循例請旌　恩准建坊入祠

姜啟寧妻周氏紹興縣會稽東府坊

姜啟寧字賡咸號南輝杏公第三子抎文譽尤工書繪旋遘疾卒周氏慟痛誓以身殉逮翁姑重慶在堂子堦生甫三齡無可寄託憣然悟曰良人不能復生仰事俯畜皆未亡人責也迺含淚操理內政撫孤課詩書嘗以紡績佐夜讀矢志守貞三十餘載卒年大

十二以格于例限未請旌郡守聞之歎曰此真節孝可風也亟書匾額以表其貞云

姜福齡妻陶氏侶吳縣会稽東仰坊

夫名姜福齡字又青氏生長名门夙明大義夫故時氏年二十七矢志撫孤茹蘗終身以紡織針黹度日人咸欽之

以上見姜氏世譜

節孝胡母沈太夫人家傳

太夫人姓沈氏，山陰人。年二十歸贈公春輝先生，事舅姑以孝聞，克盡婦職，俾贈公無内顧憂，專心於學。越五年生子廷柱，又二年贈公幕遊河南，病歿於汝州。太夫人痛不欲生，將以身殉，既念遺孤才三齡，舅姑年俱垂暮，養親撫孤，責綦重，不得不留此身以安泉下之心也。於是勉奉甘旨，博堂上歡。廷柱出就外傅，晨則太夫人蚤起趣之入塾，夜則篝鐙紡績，課兒讀書，偶倦訶斥不少貸。廷柱年十四即為授室，其年舅棄養，越二稔姑亦下世，重以贈公靈未告窆，而伯氏思喬先生幕遊黔中，家無期功強近之親。太夫人以孤嫠遘遭大故，躬嘗艱難，經營喪葬，盡哀盡礼，其德與才過人遠矣。是時家益落，廷柱年十八，太夫人命讀律於黔，五年而業成迎養太夫人至黔思喬先生見而泣曰吾為人子顧以二親之喪累一嫠婦吾心何能安耶貴陽太守延廷柱襄理讞局太夫人訓之曰民命至重生死出入固决之於官而秉筆者尤不可不詳且慎以故廷柱在局十有五年事無不理皆太夫人之教也咸豐壬子廷柱入貲為縣令直軍務方興諸大府咸倚重之積功屢晉秩同治甲子以知府需次蜀中戊辰權重慶府事太夫人誡之曰兒由幕入官首攝大郡當潔己愛民以報

朝廷吾殆顧不及此也甲戌權敘州府事直南路逵字四營來敘索餉勢洶洶聞於大府遣某提督統軍彈壓逵勇故與有隙將圖不逞民情惶惑紛紛遷徙城中一日數驚客請於太守曰公有守土之責無如何太夫人春秋高盍去諸太夫人聞之語廷柱曰汝

攝郡事安危所繫在汝一身當從容鎮靜使民無恐吾爲汝母又安可先去以爲民望乎剳營勇爲索餉而至非賊也汝能明白詢導以釋其疑籌給月餉以安其心營中不乏曉事之人見汝推誠相與何致遽生變亂廷柱乃遣人走嘉定止某提督軍勿來而竭一月之力併當鉅款十萬金散給達字營人心大定轉危爲安閤郡之人交相稱頌曰賢哉母子時太夫人年八十廷柱爲母稱觴以盡孝思言者謂營勇索餉事正棘奚以壽爲諷臺官糾之

朝廷命兵部尚書廣公壽兵部侍郎夏公同善赴蜀按問光緒乙亥正月星使檄至郡廷柱不知所爲太夫人曰汝兩權府事寔心爲民以清白自勵脱因公受過無足慮也嗣兩星使廉得籌墊餉需安靖地方情狀偶因母壽容[寡]尚無不合據情入

紹興縣志采訪稿

告遂置勿問太夫人聞而歎曰當日使吾先去必更有識汝不顧百姓而令婦屬出避者汝其能當此重咎乎人又服太夫人先見之明爲不可及也太夫人勤儉性成始終不易廷桂由幕而官雖館穀廉俸所入稍豐而太夫人淡泊如初鮮衣美食屏斥弗御生平惜物力惡暴殄水漿不輕棄地竹頭木屑皆儲以待用而施予則絶無所吝廷桂同祖堂弟炳蕃炳芬在黔幼稚無依太夫人命其來蜀或仕或學量材而造就之以離鄉年久欲修先塋謂廷桂須早作歸計顧遷延未果於乙亥六月二十二日棄養享年八十有一

旌表節孝如例歸葬於山陰以子廷桂貴

誥封 品夫人孫四長蘭生四川候補知縣次蓮生候補知縣次

承祖貴州候補知縣次承厚孫女四曾孫五曾孫女五

方濬頤曰予聞浙人述琴仙太守事母至孝不敢有私財其筦讞局也月以五十金奉太夫人曰藩庫所給而寔則局無薪水皆向人稱貸者太夫人以慈母而代嚴父太守居日事無鉅細必稟命而行門以內禮法秩然不爲姑息之愛子婦暨諸孫婦晨夕侍起居惴惴恒恐失太夫人意蓋卓乎有大家風範焉予雖未見太守而令子蘭生近亦從事讞局勤明練達能世其學予深器之因持太守所撰太夫人事狀乞爲之傳爰撮舉大要以箸于篇觀其子孫之賢而太夫人淑德懿行超越乎尋常巾幗萬萬者不益信而有徵哉

大清光緒四年秋七月

賜進士出身

誥授光禄大夫布政使銜四川按察使方濬頤譔

見上治堂胡氏沈太夫人家傳

方節母小傳

節母行八先大父之幼女也大父歿時年甫逾五旬故向平之願多所未了而節母之孤苦伶仃爲尤甚稍長字同郡方氏及笄而嫁方故世族然良人習於闤闠頗有輕脫氣節母稟家訓事夫以禮反遭白眼節母事益恭不稍懈生一子不育會洪楊之變亂及越州避亂者踵趾相接於道節母婉勸夫偕避鄉閭不許再三瀆仍不顧風鶴愈迫不得已乃偕諸女伴去比亂定歸家則其夫蹤跡杳然遍處尋覓殊無端兆或以爲已戕於寇疑莫能明也斯時節母方當青年既無子息戚族代爲哀憫而節母處變以禮曾無幾微變怨色即有不逞之徒借端凌侮者亦淡然置之兵燹之餘家產蕩盡青燈嫠婦辛苦之狀概可想見節母平時粥粥若無能

而循規蹈矩事事不苟揆之古人女子四德殆無缺點守節垂五十年隣人莫不敬而信之以庚戌夏間微疾而逝享年七十有二云

論曰節母自少至老耄險阻艱難備嘗之矣而挺挺守節百折不回非優於德而能若是乎昔人為節母難於烈婦以烈在於一時而節在於經久然則母之飲冰茹蘗澹泊自甘雖曰庸行恐非晚近薄志弱行者所可企及也

見民國元年十一月初九日越鐸日報

節孝朱孺人傳

朱孺人國學生博仁姜公之配也年二十于歸事姑谷孺人以孝稱姑既歿相夫循〻有礼法博仁公搆疾亟孺人侍湯藥夜則焚香告天祈以身代卒不起孺人號慟幾絶顧念佶禱七載遺一子一女皆幼襁若以身殉勢無以慰所天於地下乃強起理喪葬事畢獨操家政井〻有條梱內外肅然為子延師課讀篝燈继晷有丸熊畫荻風自奉甚儉约茹素終身而賙恤里黨有加焉舊居湫隘以羨餘建樓房鳩工庀材悉中繩矩無何積勞成疾卒年三十六與博仁公合葬上孫村道光壬午宗黨憫其志請諸上憲循例題旌入祠　倫章下賁聲德彌光甚盛典也翰与其嗣榮春遊一日持所為行狀前而請文曰先人有美弗彰恐後继者無所矜式

翰既辱姻婭於孺人家世甚悉不獲辭因亟表而出之庶幾奉揚懿型益昭徽烈、煒矣彤管之流芬而孺人真不朽焉

姻愚姪張文翰拜譔見姜氏世譜

節母江太宜人傳媳程太宜人附并跋

華与寅初同年交最久又同官京師過從尤數每為述先世德行未嘗不景仰深之昨袖其　高〻祖妣暨　高祖妣節孝狀畧見示為言近輯家乘乞為傳華自愧不文不足以道揚潛德而以与寅初交相知最深即又不敢固辭謹撮原畧叙於左

太宜人姓江氏徽州績邑茭塘有泰公女家素封在閨以孝稱母病涕泣不止焚香禱天願以身代翼日果間咸謂至誠所感康熙壬申詔傳　朝廷遴良家女入宮時已字鳴玉鮑公也遂倉猝成礼年僅十五閱七年生子雲昇公甫二歲而鳴玉公卒公家本中落自是更式微姑老子幼事畜皆身任之越二年姑又去世仗十

指之蓄撫孤至于成人雲昇公既長為娶于程以販米丹陽數不利憂勞致疾以卒是時膝遺兩孫家徒四壁孀姑嫠媳相對一燈其情蓋有不忍覩者而太宜人安之若故口不言貧歲除不能具食惟設豉齏一二簋鄰婦見而憫之佯答曰遵持齋耳嘗聞寅初家除夕元旦必持齋元旦持齋吾俗通例除夕此舉絶少叩其故言遵祖訓也蓋其曾祖尚志公起家以後不忘先世艱苦垂以為訓觀此益信其長孫尚志次孫惠遠時皆幼穉尚志公依太宜人較久督課亦較嚴一言之出一介之取皆毅然不容稍苟尚志公幼時嘗為人適市市人喜其篤謹歲腊貽以花爆太宜人曰是必私他人財物而有之也不然彼何厚於汝怒甚欲撻之尚志公力白不之信相攜往質始釋之扶杖往返十里許不憚勞也一日命尚志公告貸於程氏其外祖家也途拾遺金一緘坐俟良久失者返覓詢其

教符還之并卻其酬人咸咎其愚其外祖季和公獨器之謂此子必成立時甫十二齡則平日太宜人所教可知已會邑大飢宰發粟賑給極貧者倍里甲先署其门太宜人命尚志公梯而去之謂人曰此子也才不願令受此名如其不才升斗之多亦奚濟也是年冬族中散給綿衣太宜人亦固卻弗受鄉黨皆敬之蓋其嚴介堅忍有烈丈夫風噫婦德中殆不數覯者歟

程太宜人雲昇鮑公配也其父季和公居疎口村有鄉望太宜人年二十來歸雲昇公公早孤賴其母江太宜人撫之成人家甚窶其數復奇嘗客丹陽販米數年皆不利太宜人每質奩以供朝夕不令姑知越二年生長子字尚志又七年生次子字惠遠明年而雲昇公即世公之遺疾也以憂勞得嘔血症自知不起疾革時引

尚志公於榻扼其吭欲死之衆趨解則曰留此徒相累耳太宜人喻其意及卒益含悲自矢又恐觸姑之痛也對姑未嘗帶啼痕反曲意寬慰之於是姑媳孀居縫紉爲活恒并日舉火晏如也季和公憫其艱嘗令太宜人挈幼子寄食于家而留尚志公侍江母時其薪水者有年江母晚年多病太宜人侍奉湯藥仰体將順無不周盖上事良姑下育遺孤茹苦含辛五十年如一日也性和易寡言笑勤操作尤能善体姑心以故相得逾母女及尚志公以業鹺來浙卜居會稽之高車頭因得迎養後以水土未諳復還歙令惠遠公偕返奉養享年七十有八守節五十年葬疎口方塘塢江太宜人享年七十有七守節五十五年葬葉家坦乾隆庚戌乙卯之歲尚志公爲先後請　旌皆奉准如例遺命建坊今亦告成已同

治己巳炳南慕清兩年伯援推廣例以太年伯鳳占公鹽提舉銜
貤贈兩代為宜人嗚呼節孝之後天必報之若江程二太宜人
節之苦孝之純又有難人之所難者溯乃潛德表厥幽光宜其後
之闔族也歟

賜進士出身
誥授通奉大夫
日講起居注官國史館纂修翰林院侍講學士加三級前陝甘學
政年再姪蕭山鍾寶華頓首拜撰見鮑氏家譜卷二家傳

姚施氏

翰林院編修陶方琦　同知銜候補知縣李誠
候補同知荆溪縣知縣潘樹辰　四品銜兩淮候補運判宣兆熊
按察使銜候補道章燮　福建候補同知錢豫秋　謹
道銜工部營繕司行走郎中江槐庭　前直隸甯津縣知縣江槐序
知府銜候補同知傅懷祖　兩淮候補鹽大使錢繼勳

呈為已故職婦孝行可風公呈籲請　奏咨旌表事竊維
閫鉅德風化首重彝倫　聖教涵濡閨閫咸知大孝茲有孝婦
姚施氏係現任宜興縣知縣施惠之女純孝性成篤誠天賦幼而
在室善事父母孝勤備至年十七歸前江蘇候補道姚仰雲之子
指分兩淮鹽運判姚振宗為妻入门後孝奉尊章曲盡婦職時有
邅祖姑在堂年邁雙目失明動履皆由姑氏扶持該氏慨然謂人
曰凡人之貴于有後原所代勞分憂也乃請于其姑願自任之姑
初不許繼因請之不已念其性出至誠始得勉從于是奉侍維刻
不于離雖極瑣屑污穢之事亦必躬親為之大事則皆隨姑經理

紹興縣志採訪稿

不敢少越祖姑或有微疾輒即自廢寢食百計求治愈而後已又慮雙瞽多悶恐致釀病每述解頤故事日必數條以博歡笑日久不倦其後祖姑病殁該氏痛不欲生以翁姑故不敢過露增悲惟自盡哀盡礼卒哭後即起事舅姑千方解勸服勞奉養竭盡心力平居尤能善体親心曲意仰承以是得舅姑歡洎乎姑病該氏親侍湯葯衣不解帶者數月继以久病纏延該氏立侍床前晝夜不輟雖姑氏憐之數遣稍息而氏仍勤謹如初始終未嘗少懈至同治七年夏姑病增劇医皆不治垂危旦夕氏乃焚香泣禱願以身代潛割股肉和葯以進病果頓愈而人莫能知迨及冬間其姑舊病復作驟尔棄世而該氏先因隐病侍姑積勞成瘵猶復力疾從事擗踊盡哀慟絶復甦者再而病遂因加劇家人亟為医治旋愈

旌發延至十一年三月身故該氏畢生盡孝親族咸為欽敬當其
刲股療姑沈疴立起尤為誠孝格天寔屬至行可風与
旌表之例相符職道等誼在桑梓或兼戚屬見聞既確不忍听其
湮没因查前署江陰縣現補崑山縣知縣金吳瀾之媳汪氏過门
守貞曾蒙
前憲台張　奏准
旌表有案貞孝事同一律理合查造事寔清册备具印结聯名援
案公呈籲乞
憲台大人電鑒俯賜
奏咨
旌表以彰潛德而維風化不勝屏息待

紹興縣志材料

命之至謹呈

計呈送

事實清册各五套

江蘇常州府荆溪縣
呈爲籲請
旌表事今將同鄉孝婦姚施氏孝行事寔造册呈送
鑒核施行須至册者
計開
一孝婦姚施氏係原籍浙江會稽縣現任宜興縣知縣施惠之長
女生于道光二十二年二月十九日於十七歲歸前江蘇候補
道姚仰雲之子指分兩淮鹽運判姚振宗爲妻卒于同治十一
年三月初六日時年三十一歲
一該氏幼讀詩書深明大義在室善事父母極盡孝道並能導諸
弟妹均知礼義于歸前夕猶絮絮与弟妹語歷舉忠孝節義相

勗一無兒女之態今其弟孝出尋常次妹歸何氏遽寡守節撫若冰霜半由該氏有以贊成之

一該氏歸姚後入門即代其姑孝養雙瞽祖姑倍矣勤謹凡事纖悉親爲不假媼婢之手蓋謂瞽者目不能睹事之惟恐不周故尤不辭勞瘁而於承歡侍疾更必竭盡心力焉

一該氏于祖姑病時因翁姑憂痛已深不敢過露悲容每于暗陬掩泣日夜祝天願削己壽以益祖姑之年從者見之皆爲流涕而祖姑愛之亦逾出尋常病中嘗謂汝孝若此惟愿汝將來亦得賢孝之婦以報之比歿後猶緊握氏腕逾時始釋人謂誠孝所感云

一該氏奉侍翁姑曲盡孝道雖有祖姑重任而晨昏定省問安視

嬉十餘年來未嘗少懈尤能仰体親心馭下以寬律己以嚴他凡鄉姻睦族助資為善諸事係翁姑有志欲為者莫不身体力行以是深得歡心目為賢婦而戚黨家人亦皆嘖嘖稱之

一該氏因姑久病臥床親侍湯藥兢兢惟恐少失因以子女付諸僕媪日夜不復歸房即就病榻殷勤服侍久而彌篤其姑憐其辛苦數四遣去不從甚至相持而哭其姑愈後每與親友道及猶覺涔涔淚下

一該氏於同治七年四月姑病垂危諸醫覆绝不得已焚香泣禱願以身代潛割股肉和藥飲之病乃頓愈該氏秘不告人久後其夫見創苦詰度不能隱方以實告其夫為之泣下親族聞之咸相欽敬其孝行有如此者

一該氏先于姑殁之前身得血証恐貽親憂隱忍不言照常侍奉
及至成瘵復因是年十月姑忽病殁力疾成礼慟絶復甦病乃
因之不起呻吟床褥困苦數年延至十一年三月初六日身故
戚屬均為嘆惜不已
一該氏一生惟知盡孝為先不遑自惜其身故其致疾殞命之由
寔早基于忍病侍姑之日無異捨身殉孝尤為人所難能也
一該氏故後其夫復娶楊州河務同知施　之女為繼妻在室
時先因父病割股已經御史樓謩善奏奉
旌表在案孝行萃于一門洵稱異數云
江蘇常州府荊溪縣令於
与印結為籲請

旌表事實結得同鄉孝婦挑施氏割股療姑畢生盡孝洵屬至行
可行應請
旌表實有其人其事中間不致扶捏合具印結是實
光緒三年　月　　日知縣潘樹辰

孝婦請旌。

奏爲孝婦割股療姑籲懇

旌表恭摺仰祈

聖鑒事竊據江蘇候補道童埏荆溪縣知縣潘樹辰等呈稱孝婦姚施氏係原籍浙江會稽縣現任宜興縣知縣施惠長女前江蘇候補道姚仰雲之子指分兩淮鹽運判姚振宗之妻幼而在室孝事父母于歸姚氏克盡婦職其祖姑年邁双瞽動履皆由其姑扶持該氏恍然謂人曰凡人之貴于有後者原所以代勞也乃屢請于其姑願以身任姑初不許繼念其誠勉從所請于是奉侍維勤雖極瑣屑事亦必躬親爲之家務隨其姑經理不敢稍越祖母或有微疾輒廢寢食百計求治愈而後已迨祖姑病殁該氏慟不欲

生以翁姑故忍哀盡礼卒哭後即赴事舅姑服勞奉養竭盡心力
得舅姑歡洎姑殁病該氏親侍湯葯衣不解帶者數月同治七年
四月姑病垂危羣医束手該氏乃焚香祈禱願以身代潛割股肉
和葯以進姑疾頓瘳而人莫能知及冬間姑以疾卒該氏先患血
證隐疾侍姑積勞成瘵猶復力疾從事盡哀盡礼慟絶復甦者再
而病遂增劇家人亟為医治旋愈旋發呻吟牀褥困苦數年至十
一年三月初六日身故時年三十一歲該氏畢生盡孝親族衆口
交推當其割股療姑沈疴立起尤為誠孝感格至行可風職等誼
切梓桑或兼戚屬見聞既真不忍听其湮没造具事寔册結公呈
懇請
旌表等情前来臣伏查定例割股或致傷生不准旌表如有請旌

交部議者其入祠建坊之處請
旨遵行等語近年以來具奏成案均蒙
恩旨予旌茲胱施氏性行純摯孝事祖姑其因姑病瀕危割股療
姑出自真誠並無矯飾寔屬孝行可風合無籲懇
天恩俯准旌表以彰孝行除將册結咨部並咨浙江撫臣查照外
謹會同兩江總督臣沈葆楨江蘇學政臣　天齡恭摺具
奏伏乞
皇太后
皇上聖鑒訓示謹
奏
　光緒三年十月二十日荆溪縣奉　蘇撫部院行知

紹興縣志採訪稿

孝婦請旌

督辦江蘇忠義局童　為轉飭事光緒四年二月十九日准

蘇藩司咨奉

蘇撫部院吳　札開光緒三年十二月二十三日准

禮部咨儀制司案呈内開抄出江蘇巡撫吳元　奏據江蘇道童埏等呈稱孝婦姚施氏係原籍浙江會稽縣現任宜興縣知縣施惠長女兩淮鹽運判姚振宗之妻幼而在室孝事父母于歸姚氏克盡婦職其祖姑年邁雙瞽動履皆由其姑扶持請于姑願以身任姑念其誠曲從所請迨祖姑病歿氏慟不欲生以翁姑故忍哀盡礼卒哭後即赵事舅姑服勞奉養竭盡心力姑病氏親侍湯藥衣不解帶者數月同治七年四月姑病垂危羣医束手氏潛刲股

肉和葯以進疾頓瘳冬間姑以疾卒氏先患血証隱疾侍姑積勞
成瘵猶復力疾從事盡哀盡礼痛絶復甦病遂增劇至十一年三
月身故時年三十一歲造具事寔册結呈請　旌表等情查近
年以來具奏成案均蒙　恩旨予旌茲姚施氏孝行可風懇
恩俯准旌表以彰孝行等因一摺光緒三年九月十四日　軍
機大臣奉　旨姚施氏著准其旌表該部知道欽此欽遵到部
查定例各省孝婦應　旌表者由該督撫轉飭該地方官於節
孝祠設坊上照例題名如該本家有願自建專坊者亦听其便其
已故者於節孝祠内設位致祭歷經辦理在案今江蘇巡撫吴
奏浙江會稽縣孝婦姚施氏爲姑病割臂孝行可風奉　旨准
其旌表相應行文江蘇巡撫轉行浙江巡撫飭令該孝婦原籍地

方官遵照定例辦理可也等因到本部院准此札司轉行遵照等因到司奉此除咨

浙江藩司轉飭地方官遵照辦理外移煩查照等因准此查此案前准蘇藩司咨奉

撫憲抄摺並恭録　諭旨轉移前來均經轉行知照在案茲准前因除行荊溪縣分别轉移遵辦外合亟轉飭札到該縣即便遵照辦理毋違特札

光緒四年二月廿四日札宜興縣

孝女請旌。

山西道監察御史臣樓譽普跪

奏為援案請旌孝行以振風教恭摺具奏仰祈

聖鑒事竊臣恭閱邸鈔近年來凡婦女割臂療親等行一經奏陳

無不立予旌表在案仰見我

聖朝化民成俗之至意茲聞有指分兩淮運判姚振宗之妻姚氏

施氏浙江會稽縣人係現補江蘇揚州府河務同知施培曾

之女幼讀書明大義平日事父母素以孝聞同知治六年培

曾患病氏時年十九歲侍字在室侍奉竭盡心力因父病篤

刲臂和葯以進病頓愈氏隱不自言為氏母覺察親族中有

知之者益敬其至孝性成嗣氏歸姚後鄉里稱賢婦無間言

氏於光緒元年十一月十八日在籍病卒視殮者見其瘢痕無不相為感勸至性所動實足以風勵人心且誼屬梓桑闡此潛德不忍聽其湮沒合無仰懇

天恩俯賜飭部旌表以闡幽光而維風化伏乞

皇太后

皇上聖鑒訓示謹

奏光緒二年七月二十四日軍機大臣面奉

諭旨御史樓譽普奏孝女割臂療親援案請旌一摺兩准運判姚振宗之妻施氏係江蘇同知施培曾之女前在家時因父病篤割臂和藥以進父病頓愈洵屬可嘉姚施氏著准其旌表欽此

欽旌孝女姚母施恭人傳

且自書日月以療災，晉聞神授向星辰而稽顙，每解親危，或燒指以求靈，或炙身以試疾，自來至孝之行本非恒情所能，而況誼出閨襜，事軼謳禱，羋家淑禕感白石於西南，李氏女宗斷水漿而慟擗，流声簡竹，垂涕齋蓮，何嘗不彰彤史之光，大義門之表乎。況乎孝親莫大，惟疾為憂，當夫夢竪成蓄，扁和竭術，金鎞刮目不來，于夢中靈鹿銜蘐，未馳于巖畔，幽誠獨籲，精悉遙通，遂乃掣刃磨頭，屈刃刲臂，斯時也，皇穹上泣，暗室誰知，日埃昏而無光，草曲寃而未達，願身以代，至死莫回，即其不折不撓，豈盡愚忠愚孝，以視夫壯夫授節，勇士攖鋒，白刃當前，丹心一奮，有盬腦斮筋而罔悔，截頭裂股而如飴者，以小微大，夫何異焉。誠以獨行之事，青史樂書貞孝之風閨门尤尠佩任绝食鄉傳女表河東善泣世比曹娥采蓴而癃養寒人彷績而痼生屠毋從古列女之傳皆由至性而成則茲之叩額祈神劙肱療疾孝堪推類事有同轍如施恭人之割臂救親事可傳焉恭人姓施氏會稽人翰臣太守之長女而余親家姚海槎醒守之繼室也吴興淑緒浙水名媛体幼婦之孝思式大家之女誡莊姝協則婉嫿脩容素謹莅佩之儀長分瑄朗之照礼儀法則中表所推德象女師清芬自誦維時恭人母鮑淑人先逝稚齡失恃凋直表躬撫幼弟以如生拜先容而嘗涕盖嬰媿摯性不改髫年窈窕淑姿得之詩教繪禮宗於鞶繡諸母皆憐圖孝苑於湘紈兒時已熟宜爭文昌愛女有甚于男嬰兒未嫁共稱其孝時太守公嗣名门於浙右作仕宦於江南退養林居倏鶩越冠

家山唱破宵騰戰馬之声滄海流離粉漬鵑啼之血宿留無策盡
室以行太守公猶復襄王事之勤廑邊氛之憲壘劬成疾蒙難加
危佃婺空憂園閨捷懾疑鵩飛之噩讖孀鶴唳之餘鷩恭人謂一
厦將傾百身莫贖執賍難工於佞佛滅齡未可以福親擘澇芜蘭
蘊心蕉萃由是結經營於慘淡決占祝於倉皇瀝血獮甘毀膚何
害金刀在手塊肉還親掌上血痕尚和藥裹衫邊肌暈半作桃斑
皆本一僂之精誠爰感九重之仁閔和藥以進斝飲而瘳果使灵
椿符長壽之徵小草慰春暉之報而恭人猶謂慈如河海孝等涓
埃事畏人知誠惟神格中忱孺慕內則悟嫕宜其博慈愛於掌珠
發潛光於貞石矣及其躲海槎醒守也閨箴早仰壼範尤嫻錡筥
賢明常帷婉順絃更靜好稼飾柔嘉情復篤於報列貴先忘夫陵

紹興縣志采訪稿

郝諸兒被其慈愛羣小仰其頌儀聿修嬀汭之型愈篤孋逑之樂無奈蘭生少茁楊厄多逢孝水源枯仙山路渺乞刪丹而乏術憐曇花於斯須重深誄逝之悲孰益孝親之祢大抵究懿自盡福德罕全孤桐之心本空孝竹之根難續霜凋雹碎地久天長然其婉惪馨規倬嫭感德既騰声於家衖宜耀烈於

史宬

今上龍飛之二年史臣詗其事以

上聞

兩宮歎其行為獨絶

欽旌孝女崇祀故鄉陰律褒明閨儀純毣以彝珈之命婦加倬楔之榮施則与閭榜篤行里名孝德古今合轍戚鄙交欽況海槎醝

守前室亦以孝婦著聞將見合美而必傳歷千霜而不朽茲之揆

張徽嫩袚飾貞芳亦不過史氏闡揚之一緒也

賜進士出身

誥授奉直大夫翰林院編修加三級湖南學政姻侍生陶方琦拜

譔

賜進士出身

誥授奉直大夫翰林院編修加三級　國史館協修侍生諸可炘

拜書

欽旌孝婦姚母施恭人傳

今上龍飛之三年姚海槎醴守重述其前室施恭人事方琦欽異久之因偕戚鄗上其事於江蘇撫臣撫臣

上聞

天恩下錫

欽旌孝婦重褒嘉也其与繼室孝女施恭人事足堪媲美後先輝映二難可風孝行流傳一門尤尟而況出之於閨𦉪之同姓加之以棹楔之殊榮豈不懿歟恭人姓施氏會稽人晉生太守之長女也幼嫺姆訓夙解父書蕙穆孟情苕華表度閨箴嫻㥯親舍嬌嬈工組紃嘗繡之爲熟窈窕女師之什趍庭弱弟偲推詠雪之才課繡諸姑樂聽拈花之說喜談孝友慧識詩書非僅珠鍾掌上之憐

金覔腰间之佩矣況乎女儀允協嬪則尤諳之子于歸而琴瑟静
好孝思不匱而櫛縰修明謹礼先夫婦之文明婦事姑妐之道媞
媞善下娩、能柔絜滫瀡而益莊屏釵澤而彌令宜乎尊章博愛
親串稱賢既德既容宜家宜室也维時祖姑陶太夫人在堂顑頤
養病燭睆銷明而恭人移孝因姑奉歡惟敬烏哺同深於畣報龍
鍾必謹夫扶持侍藥歠於牀頭解萱憂於堂背濯中帬之垢不假
粗婢進厨下之湯先諳食性無忝銅甕之禱已徧枯桑之緣夢無緣
頤減已年未蒙神許簀前握手祝生賢婦於將來堂上傷心能助
家孫而晝礼豈非處恭素𢡖孝愛天成乎至其燂湯偁典上優修
儀端操有蹤髮婉能順南平主之謁舅執笄以前唐夫人之乳姑
升堂而拜養馨蘭膳職佐藁砧娛賓而具方圓斟羹而照上下卿

贍米廩多賢婦之贊襄清潔蘭尸嬈儒门之祭祀帝帷養志婦姒覯型同嬰兒之孝情倫共運之婦德迨夫業修內寢疾降咸姑藥餌經營茶心懵慈棋停隔户衣束垂聲成祭稔之辛劬屏繞床之子息靳神攸額叢悴忘身病裡慈雲歎後凋之松柏庭中愛日恐易逝者桑榆無如丹綃無灵紅蓮忽萎懷腓憂而莫訴工虔筵而難馮遂乃效割股之風爲救親之舉雖中孝不傷膚髮而至誠可感神明黑夕疇知丹心獨炳力藏腕底肉刎心頭竟搵臂而血流類灸身而心痛卒至春暉莫挽孝水長枯哀欲忘生毀將滅性憶姑恩之曲淚滿珠泉鬱孺慕之悲病湮金鎖蕉心添萃苦室生灾因慈竹之痛深致因蓼之夢兆二千之奠未益乎孝親三年之艾難求於徂歲離瑜星墮齋黼香殘空增悼儷之悲無望反魂之術

恭人於同治十一年三月六日卒年三十有一子三女二豈不悲
哉茲者
鳳誥素膺
龍章疊賁賢婦列傳同采於華陽孔宗美稱獨鍾於嬀汭庶幾表
婉華于篆素偁徽采於佩彤也方琦備腳芳規樂先喤引愧乏史
官之筆青箱流馨願題幼婦之碑翠珉勒孝方之古者貞孝博女
宗之旌聖善著長秋之頌以今視昔何多讓焉
賜進士出身
誥授奉直大夫翰林院編修加三級湖南學政姻侍生陶方琦頓
首拜譔
賜進士及第
敎授儒林郎翰林院修撰加一級侍生王仁堪頓首拜書

陸姚氏請旌

陸墉繼配姚氏會稽下灶村半農公長女秉性誠篤樂善好施守節撫孤以延一脉宗绪攸賴焉生嘉慶十七年壬申四月初二日巳時無出卒光绪十八年壬辰正月十一日午時享年八十有一欽旌節孝與公合葬夏履橋蜥螺山

見山陰梅湖陸氏宗譜卷五

沈太宜人傳

宜人沈氏蕭山縣長巷村清道光甲辰恩科舉人福建永春直隸州知州雲軒公諱晋之大女光緒乙亥恩科舉人蒔生公諱乙輝金華府學訓導藹庭公諱丙輝邑庠生蔭庭公諱庚輝植庭公諱辛輝之姊若妹舊山陰縣後梅湖侯選同知陸補堂公諱壎之德配也宜人幼承姆訓長嫻閨範德容言工四者兼備年十六來歸補堂公公性豪邁不善理家政年弱冠挾筴遊閩鬱鬱不遂所懷洪楊事起家道中落產業質鬻殆盡事平宜人擗資贖回有以置產為譽者宜人婉謝之曰綿瓜瓞庇葛藟為陸氏本支計家資非吾敢私吾食陸氏祿惟以保產者仰酬陸氏之先志而已寥寥數語洵足為後嗣法不得以巾幗之言輕之歲己卯補堂公卒于閩

宜人集資財運櫬蘇葬時長子鴻飛明經甫九齡宜人令從諸舅氏遊以勤學爲勗面命耳提博文約礼如是者十餘年因而擷芹香擧優貢雖得益於渭陽然非有賢母教之則不至此宜人因明經之學賴舅氏力居多命將奩田二十畝助入雲軒洸公祭產以報舅氏而及其父爲人之所不能爲至今猶嘖嘖里黨間宜人生子二長遵即明經次聘之女二皆次第適名门先是補堂公側室周氏早卒生子藺蓀宜人撫如己出教之成立始終如一無異視焉其後聘之与藺蓀相繼夭未及授室宜人每引爲憾事光緒丙戌丁亥間豪猾某某等覬覦宜人家產以爲母寡子幼几上肉釜中魚可攫而得也多方欺凌之日不容擧爨夜不得安枕燕巢幕上勢甚危有勸宜人呈訴官所爲懲一儆百計者宜人不從大度

置之追明經年長將与辯曲直戒之曰受侮人誰不知但術者謂吾年不永以含容故幸保無恙吾處之有素矣兒輩其堅忍之宜人之作是語也不知者以為信術士謬說其寔藉此以警其子耳宜人性慈祥多施捨鄰里急需有求必應每逢冬春间窮乏無告者輒周恤之不少懈惟於僧尼輩踵募則斥之门外破除迷信可見一斑綜核其生平持身勤儉御下温和躬親操作雖子婦在側不使分勞婢僕有過不加呵責以此知宜人之量度宏寬宏又加人一等也宜人卒於光绪乙未年二月二十三日享年五十有二前會稽恩貢生徐鞠仙先生撰聯以挽之云生平有鬚眉氣畫荻徧蒲教養孤兒勤且儉此際無毫髮憾守成創業栽培後嗣熾而昌宜人一生懿行指不勝僂今者譜牒告成就其後人之所述為之

詮次事寔以作子子孫孫模範也可

贊曰扶輿清淑之氣有時不鍾於男子而鍾於婦人有婦人焉天地之英茫茫終古勁節千春

中華民國六年丁巳夏歷四月　日

特授浙江交涉司世愚姪林鵾翔拜撰并書見山陰梅湖陸氏宗譜卷二

李陶氏。

浙江同鄉京官陳漢第蔣尊簋袁毓麟邵章壽鵬飛等爲臚陳苦節請予褒揚事竊查紹興縣李陶氏現年六十五歲前清副榜湖南辰谿縣知縣陶棣之長女也誕粹華家含芬幼歲婉嫕淑慎之質教習於儒風女師德象之篇學源於庭誥年二十歸前清湖南直隸州歷任新田藍山等縣知縣李國鎮爲繼室琴瑟在御籩豆靜嘉咸姑上事絶勃谿之聲臧獲下孚理凌雜之務内外紡執禮無違李令元配孫氏遺有一女時方四齡氏育養提携一如己出宗姻族鄙都無閒言蓋羊母重前妻之子左嬪贊繼母之賢以古方今殊無媿色而其隨李令之湖南任所也儷笄致恭鳴璜佐理沈香不御咸吴隱之清廉丹書篝披識崇公之苦志神君之望壺助爲多迨光緒六年李令因辦理滇黔各軍後路粮台積勞病

故廉吏之後既無滿舸之金家人之门復鮮義田之粟時氏年二十九歲茹荼庀事儲淚撫孤操井臼以無辭典衣裳而不惜數量塩米嗟來日之大難守護楹書盼家風之不墜鐵箱綫帖晨興則教女裁縫燈影機聲夜坐則課兒誦讀蓋獨支门戶任既擔夫千鈞而猶免飢寒力僅供以十指煢煢無助戛戛其難且其時制科報罷學校初開談者皺眉聞者裹足氏獨遣二子去為同里先環瑱入質覯裝遊子之衣紡績易錢苦備束修之具蓋親師取友丞言能味乎通書擔笈負書大業信成於遊學茍非智秉上流鮮臻斯識已他若處衆常寬本身必儉樵蘇雖乏猶好為饘粥之施璣珥不存時以周戚黨之急是又其植心和惠秉性仁慈有口皆碑無煩覼縷者矣 漢第等里居相共聞見均詳信清芬可式乎一鄉

康徽德或湮於後世側聞 大部聿修名教軫念孤嫠頒表賢崇善之条女激濁揚清之用凡夫松筠比節冰雪矢心者相將鍾萬圖芳旒旗撰德 漢第等敢以桑梓敬恭之誼上備輶軒採訪之遺謹遵褒揚條例取具証明書合詞稟懇 大部特予呈請褒揚庶幾芳徽不朽懷清築巴女之臺綽楔殊榮貞義署衛家之牓伏乞台慈毋任感激謹稟內務部長民國五年四月經內務部呈奉大總統題褒松筠勵節匾額一方並頒銀質褒章一枚

紹興縣志採訪稿

現存
已故 徐高氏係徐其山妻 如繼妻則加繼字如妾則改妾字如現存者則點去已故二字如已故者則點去現存二字

現住紹興縣舊山陰屬 三十八都三圖 坊 土名汪家埭村 凡舊屬山陰會稽並註明之

生於清道光元年 月 日 凡年分不得填寫干支如年遠無從查攷月日者不寫亦可

嫁於清道光二十年 月 日

夫死於清道光二十七年 月 日是年氏二十七歲

守節至清宣統元年九月 日歿年八十九歲 如現存者寫現年歲如已故者寫歿年歲

父高琪 母沈氏住舊山陰屬 三十八都三圖 坊 土名夏履橋村

翁徐是存 存歿 姑陳氏 存歿 如存者點去歿字歿者點去存字

子無人 孫無人 女無人

事實 填寫下列空行如循分守志無奇異事實者不必作空套語凡事實繇多者另錄粘附

氏夫故守節家貧無子夫兄某屢奪其志終矢志不屈一日竟強迫之

紹興縣志採訪稿

氏乃避匿於本村某紳家以免遂求傭工焉後竟苦志[illegible][illegible]以終已

於民國四年五月間呈縣公署核准轉請褒揚矣

一查褒揚條例及施行細則凡婦女節烈貞操可以風世者得受褒揚

(一)節婦守節年限自三十歲以前守節至五十歲以後者但年未五十而身故其守節已及六年者同

(二)烈婦烈女凡遇強暴不從致死或羞忿自盡及夫亡殉節者屬之

(三)貞女守貞年限與節婦同其在夫家守貞身故及未符年例而身故者亦屬之

一夫父翁子孫如有官職者並附註之

一已被旌者註明年月不必錄送全案

一本處開辦採訪專備修志收錄凡呈請褒揚等事由子孫親族自行呈報地方官署本處概不與聞

一此單塡就即寄紹城倉橋下紹興縣修志採訪處

報告人夏履鄉自治委員孫宗璣字秋田 現住汪家埭

現存 已故 徐金氏係徐懋齋繼妻　如繼妻則加繼字如妾則改妾字如現存者則點去已故二字如已故者則點去現存二字

現住紹興縣舊山陰屬　坊　三十八都三圖　土名汪家埭村　凡舊屬山陰會稽並註明之

生於清道光十六年　月　日　凡年分不得塡寫干支如年遠無從查攷月日者不寫亦可

嫁於清咸豐九年　月　日

夫死於清同治四年　月　日是年氏三十　歲

守節至民國八年　月　日現年八十三歲　如現存者寫現年歲如已故者寫歿年歲

父金祖昇母高氏住舊會稽屬　坊　都　圖　土名攢宮村

翁徐聖耒存歿　姑劉氏存歿　如存者點去歿字歿者點去存字

子二人　孫二人　女二人

事實　塡寫下列空行如循分守志無奇異事實者不必作空套語凡事實繁多者另錄粘附

氏夫徐懋齋係前清太學生誥封奉直大夫已於民國四年五月間

呈縣公署核准轉請褒揚矣

一查褒揚條例及施行細則凡婦女節烈貞操可以風世者得受褒揚

(一)節婦守節年限自三十歲以前守節至五十歲以後者但年未五十而身故其守節已及六年者同

(二)烈婦烈女凡遇强暴不從致死或羞忿自盡及夫亡殉節者屬之

(三)貞女守貞年限與節婦同其在夫家守貞身故及未符年例而身故者亦屬之

一夫父翁子孫如有官職者並附註之

一已被旌者註明年月不必錄送全案

一本處開辦採訪專備修志收錄凡呈請褒揚等事由子孫親族自行呈報地方官署本處概不與聞

一此單塡就卽寄紹城倉橋下紹興縣修志採訪處

報告人夏履鄉自治委員徐宗璣字秋田
現住汪家埭村

現存
已故徐張氏係徐迪妾　如繼妻則加繼字如妾則改妾字如現存者則點去已故二字如已故者則點去現存二字

現住紹興縣舊山陰屬三十八都三圖土名汪家埭村坊　凡舊屬山陰會稽並註明之

生於清光緒六年八月二十二日　凡年分不得塡寫干支如年遠

嫁於清光緒二十七年　月　日　無從查攷月日者不寫亦可

夫死於清光緒二十九年八月初一日是年氏二十三歲

守節至清光緒三十年五月十八日歿年二十四歲　如現存者寫現年歲如已故者寫歿年歲

父張某　母沈氏住舊杭仁和屬　坊　都　圖土名

翁徐毓麟存歿　姑劉氏存歿　如存者點去歿字歿者點去存字

子無人　孫無人　女無人

事實　塡寫下列空行如循分守志無奇異事實者不必作空套語凡事實繁多者另錄粘附

氏係前清太學生誥封奉直大夫徐迪字心齋之妾二十三歲家主徐迪身故氏

誓不欲生殉節數次屢得家人救免至次年五月十八日家人防之偶疎竟投河殉節於清宣統元年已報告採訪局

一查褒揚條例及施行細則凡婦女節烈貞操可以風世者得受褒揚

（一）節婦守節年限自三十歲以前守節至五十歲以後者但年未五十而身故其守節已及六年者同

（二）烈婦烈女凡遇强暴不從致死或羞忿自盡及夫亡殉節者屬之

（三）貞女守貞年限與節婦同其在夫家守貞身故及未符年例而身故者亦屬之

一夫父翁子孫如有官職者並附註之

一已被旌者註明年月不必錄送全案

一本處開辦採訪專備修志收錄凡呈請褒揚等事由子孫親族自行呈報地方官署本處概不與聞

一此單填就即寄紹城倉橋下紹興縣修志採訪處

報告人夏履鄉自治委員徐宗璣字秋田 現住汪家埭

現存
已故 徐周氏係徐彩章妻 如繼妻則加繼字如妾則改妾字如現存者則點去已故二字如已故者則點去現存二字

現住紹興縣舊山陰屬　坊三十八都三圖 土名汪家埭村 凡舊屬山陰會稽並註明之

生於清同治三年　月　日 凡年分不得塡寫干支如年遠無從查攷月日者不寫亦可

嫁於清光緒九年　月　日

夫死於清光緒十八年正月初一日是年氏二十九歲

守節至清光緒三十三年九月十三日歿年四十四歲 如現存者寫現年歲如已故者寫歿年歲

父周齡支母朱氏住舊山陰屬　坊二十都三圖 土名周家塢

翁徐本存歿 姑周氏存歿 如存者點去歿字歿者點去存字

子一人　孫一人　女無人

事實 塡寫下列空行如循分守志無奇異事實者不必作空套語凡事實綦多者另錄粘附

氏已於民國四年呈請縣公署轉呈褒揚矣

一查褒揚條例及施行細則凡婦女節烈貞操可以風世者得受褒揚

(一)節婦守節年限自三十歲以前守節至五十歲以後者但年未五十而身故其守節已及六年者同

(二)烈婦烈女凡遇强暴不從致死或羞忿自盡及夫亡殉節者屬之

(三)貞女守貞年限與節婦同其在夫家守貞身故及未符年例而身故者亦屬之

一夫父翁子孫如有官職者並附註之

一已被旌者註明年月不必鈔送全案

一本處開辦採訪專備修志收錄凡呈請褒揚等事由子孫親族自行呈報地方官署本處概不與聞

一此單塡就即寄紹城倉橋下紹興縣修志採訪處

報告人夏履鄉自治委員徐宗璣字秋田
現住汪家埭村

現存
已故　繆郎氏係繆金寶妻（如繼妻則加繼字如妾則改妾字如現存者則點去已故二字如已故者則點去現存二字）

現住紹興縣舊山陰屬三十六都一圖坊土名繆家漊村（凡舊屬山陰會稽並註明之）

生於清道光十一年　月　日（凡年分不得塡寫干支如年遠無從查攷月日者不寫亦可）

嫁於清道光二十八年　月　日

夫死於清咸豐八年　月　日是年氏二十八歲

守節至民國七年八月　日歿年八十七歲（如現存者寫現年歲　如已故者寫歿年歲）

父郎左　母孔氏住舊蕭山屬　都　坊　圖土名湖裏

翁繆才生存歿　姑金氏存歿（如存者點去歿字　歿者點去存字）

子無人　孫無人　女無人

事實

（塡寫下列空行如循分守志無奇異事實者不必作空套語凡事實繁多者另錄粘附）

一查褒揚條例及施行細則凡婦女節烈貞操可以風世者得受褒揚

(一)節婦守節年限自三十歲以前守節至五十歲以後者但年未五十而身故其守節已及六年者同

(二)烈婦烈女凡遇强暴不從致死或羞忿自盡及夫亡殉節者屬之

(三)貞女守貞年限與節婦同其在夫家守貞身故及未符年例而身故者亦屬之

一夫父翁子孫如有官職者並附註之

一已被旌者註明年月不必錄送全案

一本處開辦採訪專備修志收錄凡呈請褒揚等事由子孫親族自行呈報地方官署本處概不與聞

一此單塡就即寄紹城倉橋下紹興縣修志採訪處

報告人夏履鄉自治委員徐宗璣字秋田　現住汪家埭

現存已故金歐氏係金戴山繼妻

（如繼妻則加繼字如妻則改妻字如現存者則點去已故二字如已故者則點去現存二字）

現住紹興縣舊山陰屬戒珠坊都　圖　土名西街（凡舊屬山陰會稽並註明之）

生於道光十七年十一月初四日（凡年分不得塡寫干支如年遠無從查攷月日者不寫亦可）

嫁於咸豐六年三月十六日

夫死於同治三年七月二十一日是年氏二十八歲

守節至民國元年十二月二十七日歿年七十四歲（如現存者寫現年歲如已故者寫歿年歲）

父未詳　母　氏住舊廣東瀬州　坊　都　圖　土名

翁介庵存歿　姑丁氏存歿（如存者點去歿字歿者點去存字）

子一人幼庭　孫一人聲濤　女　人

事實（塡寫下列空行如循分守志無奇異事實者不必作空套語凡事實繁多者另錄粘附）

一查褒揚條例及施行細則凡婦女節烈貞操可以風世者得受褒揚

(一)節婦守節年限自三十歲以前守節至五十歲以後者但年未五十而身故其守節已及六年者同

(二)烈婦烈女凡遇強暴不從致死或羞忿自盡及夫亡殉節者屬之

(三)貞女守貞年限與節婦同其在夫家守貞身故及未符年例而身故者亦屬之

一夫父翁子孫如有官職者並附註之

一已被旌者註明年月不必錄送全案

一本處開辦採訪專備修志收錄凡呈請褒揚等事由子孫親族自行呈報地方官署本處概不與聞

一此單塡就卽寄紹城倉橋下紹興縣修志採訪處

報告人錢汝梅 字夏才 現住西街

現存/已故 錢周氏係錢樹杲妻　如繼妻則加繼字如妾則改妾字如現存者則點去已故二字如已故者則點去現存二字

現住紹興縣舊山陰屬戒珠坊　都　圖土名西街　凡舊屬山陰會稽並註明之

生於嘉慶八年五月初十日　凡年分不得塡寫干支如年遠無從查攷月日者不寫亦可

嫁於道光二年正月二十一日

夫死於道光十年五月初八日是年氏二十八歲

守節至道光三十年十二月三十日歿年四十八歲　如現存者寫現年歲如已故者寫歿年歲

父未詳　母　氏住舊山陰屬　坊　都　圖土名

翁嘉會存/歿　姑王氏存/歿　如存者點去歿字歿者點去存字

子二人德泰 揚　孫二人志灝 清　女　人

事實　塡寫下列空行如循分守志無奇異事實者不必作空套語凡事實繁多者另錄粘附

一查褒揚條例及施行細則凡婦女節烈貞操可以風世者得受褒揚

(一)節婦守節年限自三十歲以前守節至五十歲以後者但年未五十而身故其守節已及六年者同

(二)烈婦烈女凡遇強暴不從致死或羞忿自盡及夫亡殉節者屬之

(三)貞女守貞年限與節婦同其在夫家守貞身故及未符年例而身故者亦屬之

一夫父翁子孫如有官職者並附註之

一已被旌者註明年月不必録送全案

一本處開辦採訪專備修志收録凡呈請褒揚等事由子孫親族自行呈報地方官署本處概不與聞

一此單填就即寄紹城倉橋下紹興縣修志採訪處

報告人錢汝梅 字夏才 現住西街

現存/已故 錢蕭氏係錢德泰繼妻

如繼妻則加繼字如妾則改妾字如現存者則點去已故二字如已故者則點去現存二字

現住紹興縣舊山陰屬戒珠坊都圖土名西街

凡舊屬山陰會稽並註明之

生於道光十一年二月二十六日

凡年分不得填寫干支如年遠無從查攷月日者不寫亦可

嫁於咸豐四年四月二十四日

夫死於咸豐六年四月二十一日是年氏二十六歲

守節至光緒十二年九月二十六日歿年五十六歲

如現存者寫現年歲如已故者寫歿年歲

父遐年　母鍾氏住舊山陰屬朝京坊都圖土名西小路

翁樹杲存/歿　姑周氏歿/存

如存者點去歿字歿者點去存字

子一人晉升候選同知　孫一人海梅附生　女　人

事實

塡寫下列空行如循分守志無奇異事實者不必作空套語凡事實繁多者另錄粘附

紹興縣志采訪稿

一查褒揚條例及施行細則凡婦女節烈貞操可以風世者得受褒揚

(一)節婦守節年限自三十歲以前守節至五十歲以後者但年未五十而身故其守節已及六年者同

(二)烈婦烈女凡遇强暴不從致死或羞忿自盡及夫亡殉節者屬之

(三)貞女守貞年限與節婦同其在夫家守貞身故及未符年例而身故者亦屬之

一夫父翁子孫如有官職者並附註之

一已被旌者註明年月不必錄送全案

一本處開辦採訪專備修志收錄凡呈請褒揚等事由子孫親族自行呈報地方官署本處概不與聞

一此單填就即寄紹城倉橋下紹興縣修志採訪處

報告人錢汝梅 字夏才 現住西街

現存
已故鄭周氏係鄭春浴妻　如繼妻則加繼字如妾則改妾字如現存者則點去已故二字如已故者則點去現存二字

現住紹興縣舊會稽屬西府坊都圖土名廣甯橋　凡舊屬山陰會稽並註明之

生於清嘉慶二十一年二月初六日　凡年分不得填寫干支如年遠無從查攷月日者不寫亦可

嫁於　年　月　日

夫死於清道光十八年九月十四日是年氏二十三歲

守節至清光緒三十二年五月初九日歿年九十一歲　如現存者寫現年歲如已故者寫歿年歲

父　母　氏住舊　屬　坊　都　圖　土名

翁傅鼇存歿　姑王氏存歿　如存者點去歿字歿者點去存字

子一人　孫三人　女一人

事實　塡寫下列空行如循分守志無奇異事實者不必作空套語凡事實繁多者另錄粘附

紹興縣志採訪稿

紹興縣節孝調查

一查褒揚條例及施行細則凡婦女節烈貞操可以風世者得受褒揚

㈠節婦守節年限自三十歲以前守節至五十歲以後者但年未五十而身故其守節已及六年者同

㈡烈婦烈女凡遇强暴不從致死或羞忿自盡及夫亡殉節者屬之

㈢貞女守貞年限與節婦同其在夫家守貞身故及未符年例而身故者亦屬之

一夫父翁子孫如有官職者並附註之

一已被旌者註明年月不必錄送全案

一本處開辦採訪專備修志收錄凡呈請褒揚等事由子孫親族自行呈報地方官署本處概不與聞

一此單塡就卽寄紹城倉橋下紹興縣修志採訪處

報告人車志城字耕南

現住西府坊廣甯橋

現存已故酈周氏係酈世杰妻　如繼妻則加繼字如妾則改妾字如現存者則點去已故二字如已故者則點去現存二字

現住紹興縣舊會稽屬西府坊都圖土名廣寧橋　凡舊屬山陰會稽並註明之

生於清嘉慶壬年十月初九日　凡年分不得塡寫干支如年遠無從查攷月日者不寫亦可

嫁於　年　月　日

夫死於清道光十七年十二月廿二日是年氏二十二歲　如現存者寫現年歲如已故者寫歿年歲

守節至道光三十年六月廿七日　年三十五歲

父周永仁母　氏住舊　同　屬　邑　坊　都　圖　土名

翁維琛存歿姑王氏存歿　如存者點去歿字歿者點去存字

子一人　孫一人　女〇人

事實　塡寫下列空行如循分守志無奇異事實者不必作空套語凡事實繁多者另錄粘附

一查褒揚條例及施行細則凡婦女節烈貞操可以風世者得受褒揚

(一)節婦守節年限自三十歲以前守節至五十歲以後者但年未五十而身故其守節已及六年者同

(二)烈婦烈女凡遇强暴不從致死或羞忿自盡及夫亡殉節者屬之

(三)貞女守貞年限與節婦同其在夫家守貞身故及未符年例而身故者亦屬之

一夫父翁子孫如有官職者並附註之

一已被旌者註明年月不必錄送全案

一本處開辦採訪專備修志收錄凡呈請褒揚等事由子孫親族自行呈報地方官署本處概不與聞

一此單塡就即寄紹城倉橋下紹興縣修志採訪處

報告人東志城 字耕南

現住西府坊廣甯橋

現存/已故 酈王氏係酈春溶繼妻

如繼妻則加繼字如妾則改妾字如現存者則點去已故二字如已故者則點去現存二字

現住紹興縣舊會稽屬西府坊　都　圖　土名廣甯橋

凡舊屬山陰會稽並註明之

生於清嘉慶十七年四月廿七日

凡年分不得填寫干支如年遠無從查攷月日者不寫亦可

嫁於清[illegible]　年[illegible]月[illegible]日

夫死於清道光十八年九月十四日是年氏二十七歲

守節至清光緒元年七月十七日　年六十四歲

如現存者寫現年歲如已故者寫歿年歲

父王景昌母　氏住舊山陰屬　坊　都　圖　土名

翁傳鼇存歿　姑王氏存歿

如存者點去歿字歿者點去存字

子二人　孫三人　女一人

事實

填寫下列空行如循分守志無奇異事實者不必作空套語凡事實緐多者另錄粘附

一查褒揚條例及施行細則凡婦女節烈貞操可以風世者得受褒揚

(一)節婦守節年限自三十歲以前守節至五十歲以後者但年未五十而身故其守節已及六年者同

(二)烈婦烈女凡遇强暴不從致死或羞忿自盡及夫亡殉節者屬之

(三)貞女守貞年限與節婦同其在夫家守貞身故及未符年例而身故者亦屬之

一夫父翁子孫如有官職者並附註之

一已被旌者註明年月不必錄送全案

一本處開辦採訪專備修志收錄凡呈請褒揚等事由子孫親族自行呈報地方官署本處概不與聞

一此單塡就即寄紹城倉橋下紹興縣修志採訪處

報告人 車志城 字 耕南 現住 西府坊廣甯橋

現存已故陳氏係余廷琛妻　如繼妻則加繼字如妾則改妾字如現存者則點去已故二字如已故者則點去現存二字

現住紹興縣舊山陰屬上植坊都　圖　土名鮑家橋　凡舊屬山陰會稽並註明之

生於咸豐貳年叁月初捌日　凡年分不得塡寫干支如年遠無從查攷月日者不寫亦可

嫁於同治拾壹年弍月　日

夫死於光緒元年玖月　日是年氏弍拾四歲

守節至民國柒年　月　日四拾四年現六十七歲　如現存者寫現年歲如已故者寫歿年歲

父陳茂林母李氏住舊會稽屬　坊六都三圖土名

翁觀潮存歿姑任氏存歿　如存者點去歿字歿者點去存字

子一人燦彰光緒壬寅科試生員　孫　人　女一人

事實循分守志　塡寫下列空行如循分守志無奇異事實者不必作空套語凡事實緐多者另錄粘附

一查褒揚條例及施行細則凡婦女節烈貞操可以風世者得受褒揚

㈠節婦守節年限自三十歲以前守節至五十歲以後者但年未五十而身故其守節已及六年者同

㈡烈婦烈女凡遇強暴不從致死或羞忿自盡及夫亡殉節者屬之

㈢貞女守貞年限與節婦同其在夫家守貞身故及未符年例而身故者亦屬之

一夫父翁子孫如有官職者並附註之

一已被旌者註明年月不必錄送全案

一本處開辦採訪專備修志收錄凡呈請褒揚等事由子孫親族自行呈報地方官署本處概不與聞

一此單填就卽寄紹城倉橋下紹興縣修志採訪處

報告人子余燦彰　字馥昌　現住上植坊

劉坦臣訪　坦臣

現存已故傅楊氏係前清國學生傅家熙繼妻

如繼妻則加繼字如妾則改妾字如現存者則點去已故二字如已故者則點去現存二字

現住紹興縣舊會稽屬中望坊都圖土名小觀音橋

凡舊屬山陰會稽並註明之

生於清道光十八年六月初五日

嫁於清同治四年十二月廿四日

凡年分不得塡寫干支如年遠無從查攷月日者不寫亦可

夫死於清同治五年十二月廿七日是年氏廿九歲

守節至清同治十二年正月廿三日歿年三十六歲

如現存者寫現年歲如已故者寫歿年歲

父前清誥贈朝議大夫楊芳母顧氏住舊山陰屬上植坊都圖土名大道地

翁前清國學生誥贈大夫奉政傳成枝存歿姑劉氏存歿

如存者點去歿字歿者點去存字

繼子一人前清國學生五品軍功傅壽恒孫六人女人

事實

塡寫下列空行如循分守志無奇異事實者不必作空套語凡事實繁多者另錄粘附

氏夫故後足不及戶守孝三年事姑孝撫子慈待人寬持

己儉操持家政井井有條雖承慈姑勸勉總以夫死不歡憂鬱而歿

一查褒揚條例及施行細則凡婦女節烈貞操可以風世者得受褒揚

(一)節婦守節年限自三十歲以前守節至五十歲以後者但年未五十而身故其守節已及六年者同

(二)烈婦烈女凡遇強暴不從致死或羞忿自盡及夫亡殉節者屬之

(三)貞女守貞年限與節婦同其在夫家守貞身故及未符年例而身故者亦屬之

一夫父翁子孫如有官職者並附註之

一已被旌者註明年月不必錄送全案

一本處開辦採訪專備修志收錄凡呈請褒揚等事由子孫親族自行呈報地方官署本處概不與聞

一此單填就即寄紹城倉橋下紹興縣修志採訪處

報告人 杜幹臣 字

現住

現存/已故 傳書 氏係 傳夢飛 妻
如繼妻則加繼字如妾則改妾字如現存者則點去已故二字如已故者則點去現存二字

現住紹興縣舊山陰屬 四十四 坊 都 二圖 土名 荷湖鄉
荷湖舊屬山陰會稽並註明之

生於咸豐八年正月初二日
凡年分不得填寫干支如年遠無從查攷月日者不寫亦可

嫁於同治九年三月十九日

夫死於光緒七年三月廿五日是年氏廿九歲

守節至民國七葉請備始 日現年六十九歲
如現存者寫現年歲 如已故者寫歿年歲

父落巖 母陳氏 住舊山陰屬 坊 都 圖 土名 東合鄉 東浦

翁元品 存/歿 姑丁氏 存/歿
如存者點去歿字 歿者點去存字

子二人 嘉銓 嘉漢 孫四人 天錫 天爵 天則 天民 女 氣 玄孫二人 桐華 翰挺

事實 循分守志
填寫下列空行如循分守志無奇異事實者不必作空套語凡事實繁多者另錄粘附

紹興縣志採訪稿

一查褒揚條例及施行細則凡婦女節烈貞操可以風世者得受褒揚

(一)節婦守節年限自三十歲以前守節至五十歲以後者但年未五十而身故其守節已及六年者同

(二)烈婦烈女凡遇強暴不從致死或羞忿自盡及夫亡殉節者屬之

(三)貞女守貞年限與節婦同其在夫家守貞身故及未符年例而身故者亦屬之

一夫父翁子孫如有官職者並附註之

一已被旌者註明年月不必錄送全案

一本處開辦採訪專備修志收錄凡呈請褒揚等事由子孫親族自行呈報地方官署本處概不與聞

一此單填就即寄紹城倉橋下紹興縣修志採訪處

報告人荷湖鄉學務委員現任 蔣尚達 字棠園

陰曆肆傳天弼君來

現存
已故黃胡氏係黃啟寅(字蓮舫)妻　如繼妻則加繼字如妾則改妾字如現存者則點去已故二字如已故者則點去現存二字

現住紹興縣舊會稽屬東仰坊　都　圖　土名柳橋　凡舊屬山陰會稽並註明之

生於道光二十四年　月　日　凡年分不得塡寫干支如年遠無從查攷月日者不寫亦可

嫁於同治六年四月　日

夫死於同治六年八月　日是年氏二十四歲

守節至光緒三十年　月　日歿年六十一歲　如現存者寫現年歲　如已故者寫歿年歲

父胡某　母某氏住舊蕭山屬　坊　都　圖　土名

翁墡庚(江蘇常州督糧通判)存歿　姑　氏存歿　如存者點去歿字　歿者點去存字

子　人　孫　人　女　人

事實　塡寫下列空行如徧分守志無奇異事實者不必作空套語凡事實繁多者另錄粘附

胡氏字亦仙蕭山人年二十四歸黃啟寅啟寅(本)患虛症月

徐郎寢疾卒後亦仙以柏舟自誓年六十一終

一查褒揚條例及施行細則凡婦女節烈貞操可以風世者得受褒揚

（一）節婦守節年限自三十歲以前守節至五十歲以後者但年未五十而身故其守節已及六年者同

（二）烈婦烈女凡遇强暴不從致死或羞忿自盡及夫亡殉節者屬之

（三）貞女守貞年限與節婦同其在夫家守貞身故及未符年例而身故者亦屬之

一夫父翁子孫如有官職者並附註之

一已被旌者註明年月不必錄送全案

一本處開辦採訪專備修志收錄凡呈請褒揚等事由子孫親族自行呈報地方官署本處概不與聞

一此單填就即寄紹城倉橋下紹興縣修志採訪處

報告人　李徐　字生宸

現住紹興稽山坊

現存已故黄劉氏係黄秉鉞字叔虔妻

如繼妻則加繼字如妾則改妾字如現存者則點去已故二字如已故者則點去現存二字

現住紹興縣舊會稽屬東仰坊　都　圖　土名柳橋

凡舊屬山陰會稽並註明之

生於同治七年十二月十一日

凡年分不得塡寫干支如年歲無從查攷月日者不寫亦可

嫁於光緒十五年四月　日

夫死於光緒二十年九月廿五日是年氏二十七歲

守節至光緒三十年四月二十九日歿年三十七歲

如現存者寫現年歲
如已故者寫歿年歲

父劉某　母某氏住舊江南溧陽縣　坊　都　圖　土名

翁黄啓仁字厚卿存歿　姑陳氏存歿

如存者點去歿字
歿者點去存字

子　人　孫　人　女一人

事實

塡寫下列空行如循分守志無奇異事實者不必作空套語凡事實繁多者另錄粘附

一查褒揚條例及施行細則凡婦女節烈貞操可以風世者得受褒揚
(一)節婦守節年限自三十歲以前守節至五十歲以後者但年未五十而身故其守節已及六年者同
(二)烈婦烈女凡遇強暴不從致死或羞忿自盡及夫亡殉節者屬之
(三)貞女守貞年限與節婦同其在夫家守貞身故及未符年例而身故者亦屬之
一夫父翁子孫如有官職者並附註之
一已被旌者註明年月不必錄送全案
一本處開辦採訪專備修志收錄凡呈請褒揚等事由子孫親族自行呈報地方官署本處概不與聞
一此單塡就即寄紹城倉橋下紹興縣修志採訪處

報告人 李徐 字生斎 現住紹興稽山坊

黄節婦傳略

王恕常

節婦氏劉為江蘇溧水人年二十二歸會稽黄秉鉞黄氏世住越城柳橋鉞字叔虔父為句容典史蚤卒遂幕游於吴且僑寓焉家貧甚氏日勤鍼黹以佐饔飧迨鉞寢疾常禱天願以身代卒不起氏慟絶者數時年僅二十七也遺腹生子不育女一適淳安李徐學者所稱生閣先生也氏性孤介有潔癖居恆不欲見人浣衣濯屣日不憚煩家人恆厭苦之遂挈女入安節局居三年乃病女刲股以進卒勿瘳易簀時囑女含殮勿近他人手氏生於同治戊辰卒於光緒乙巳四月十九日距今已十四年矣翁啟仁字厚卿妣氏陳夫兄弟二俱有子子婿李徐欲為傳之同邑王恕常爰次其事又為之贊曰葱嶺雪古不滅高且寒何其潔白皚皚皓素節貞秉女德乃清絶染不緇冰不熱吁嗟乎如氏稟凜其操如玉比其潔願越之女士以此為則

民國七年戊午仲冬

現存
已故 節婦朱余氏係國子監生朱元之妻

如繼妻則加繼字如妾則改妾字如現存者則點去已故二字如已故者則點去現存二字

現住紹興縣舊 山陰 屬　坊　都　圖　土名 松林村

凡舊屬山陰會稽並註明之

生於　年　月　日

凡年分不得填寫干支如年遠無從查攷月日者不寫亦可

嫁於　年　月　日

夫死於 清光緒三十年 月　日是年氏 三十 歲

守節至 民國元年 月　日卒年 三十六 歲

如現存者寫現年歲　如已故者寫歿年歲

父　母　氏住舊　屬　坊　都　圖　土名

翁 存 歿 姑　氏 存 歿

如存者點去歿字　歿者點去存字

子一人 德銘　孫　人　女　人

事實

塡寫下列空行如循分守志無奇異事實者不必作空套語凡事實繁多者另錄粘附

紹興縣志採訪稿

一查褒揚條例及施行細則凡婦女節烈貞操可以風世者得受褒揚

(一)節婦守節年限自三十歲以前守節至五十歲以後者但年未五十而身故其守節已及六年者同

(二)烈婦烈女凡遇强暴不從致死或羞忿自盡及夫亡殉節者屬之

(三)貞女守貞年限與節婦同其在夫家守貞身故及未符年例而身故者亦屬之

一夫父翁子孫如有官職者並附註之

一已被旌者註明年月不必錄送全案

一本處開辦採訪專備修志收錄凡呈請褒揚等事由子孫親族自行呈報地方官署本處概不與聞

一此單塡就卽寄紹城倉橋下紹興縣修志採訪處

報告人陳慶綬

字朗儕

現住霞盈橋

道光甲午順天舉人前福建閩淸沙縣順昌連江等縣知縣

現存
已故節婦陳張氏係前清國學生五品贈員陳熙之妻

如繼妻則加繼字如妾則改妾字如現存者則點去已故二字如已故者則點去現存二字

現住紹興縣舊山陰屬二坊都六圖土名會龍鄉松陵村

凡舊屬山陰會稽並註明之

生於道光十四年三月十七日

凡年分不得塡寫干支如年遠無從查攷月日者不寫亦可

嫁於道光三十年九月日

夫死於咸豐八年六月二十九日是年氏二十五歲

守節至光緒二十一年閏五月二十二日歿年六十二歲

如現存者寫現年歲如已故者寫歿年歲

父張同福　母李氏住舊山陰屬二坊都六圖土名會龍鄉松陵村

翁陳寶前直隸特用道員歿　姑沈氏歿

如存者點去歿字歿者點去存字

子一人陳龍翰係夫弟慶綬子承繼　孫一人鑒　女〇人

事實

塡寫下列空行如循分守志無奇異事實者不必作空套語凡事實繁多者另錄粘附

查該節婦病時曾由親族于光緒二十一年閏五月間開具事實冊

紹興縣志採訪稿

結呈報山陰縣唐印興春詳請巡撫廖印壽豐總督邊印寶泉學政徐印致祥具題旌表

一查褒揚條例及施行細則凡婦女節烈貞操可以風世者得受褒揚

(一)節婦守節年限自三十歲以前守節至五十歲以後者但年未五十而身故其守節已及六年者同

(二)烈婦烈女凡遇强暴不從致死或羞忿自盡及夫亡殉節者屬之

(三)貞女守貞年限與節婦同其在夫家守貞身故及未符年例而身故者亦屬之

一夫父翁子孫如有官職者並附註之

一已被旌者註明年月不必錄送全案

一本處開辦採訪專備修志收錄凡呈請褒揚等事由子孫親族自行呈報地方官署本處概不與聞

一此單填就即寄紹城倉橋下紹興縣修志採訪處

報告人朱福康　字晉卿　現住會稽鄉松陵村

現存
已故節婦朱余氏係清監生朱元壽妻　如繼妻則加繼字如妾則改妾字如現存者則點去已故二字如已故者則點去現存二字

現住紹興縣舊山陰屬會龍鄉十都六圖松林村名　凡舊屬山陰會稽並註明之

生於光緒三年八月三十日　凡年分不得塡寫干支如年遠無從查攷月日者不寫亦可

嫁於光緒二十六年二月二十七日

夫死於光緒三十二年十月十六日是年氏三十歲

守節至民國元年七月六日歿年三十六歲　如現存者寫現年歲如已故者寫歿年歲

父余錦川母蕭氏住舊山陰屬　坊　都　圖　土名中梅村

翁朱福康清武庠生歿　姑方氏存歿　如存者點去歿字歿者點去存字

子一人德銘　孫　人　女一人

事實　塡寫下列空行如循分守志無奇異事實者不必作空套語凡事實繁多者另錄粘附

紹興縣志採訪稿

紹興縣志採訪單

一查褒揚條例及施行細則凡婦女節烈貞操可以風世者得受褒揚

㈠節婦守節年限自三十歲以前守節至五十歲以後者但年未五十而身故其守節已及六年者同

㈡烈婦烈女凡遇強暴不從致死或羞忿自盡及夫亡殉節者屬之

㈢貞女守貞年限與節婦同其在夫家守貞身故及未符年例而身故者亦屬之

一夫父翁子孫如有官職者並附註之

一已被旌者註明年月不必錄送全案

一本處開辦採訪專備修志收錄凡呈請褒揚等事由子孫親族自行呈報地方官署本處概不與聞

一此單填就即寄紹城倉橋下紹興縣修志採訪處

報告人：[illegible]慶綬 字朗儒

現住：城區東陶坊

現存已故節母孫田氏係儒士孫大隆之妻

如繼妻則加繼字如妾則改妾字如現存者則點去已故二字如已故者則點去現存二字

現住紹興縣舊山陰屬三十四坊都四圖土名亭後村

凡舊屬山陰會稽並註明之

生於道光二十四年三月日

凡年分不得填寫干支如年遠無從查攷月日者不寫亦可

嫁於同治二年月日

夫死於同治十一年月日是年氏二十九歲

守節至民國六年月日年七十四歲

如現存者寫現年歲如已故者寫歿年歲

父　母　氏住舊山陰屬坊都圖土名湖塘

翁存歿　姑　氏存歿

如存者點去歿字歿者點去存字

子二人　孫三人曾孫二人　女　人

事實

塡寫下列空行如循分守志無奇異事實者不必作空套語凡事實繁多者另錄粘附

一查褒揚條例及施行細則凡婦女節烈貞操可以風世者得受褒揚

(一)節婦守節年限自三十歲以前守節至五十歲以後者但年未五十而身故其守節已及六年者同

(二)烈婦烈女凡遇强暴不從致死或羞忿自盡及夫亡殉節者屬之

(三)貞女守貞年限與節婦同其在夫家守貞身故及未符年例而身故者亦屬之

一夫父翁子孫如有官職者並附註之

一已被旌者註明年月不必錄送全案

一本處開辦採訪專備修志收錄凡呈請褒揚等事由子孫親族自行呈報地方官署本處概不與聞

一此單塡就卽寄紹城倉橋下紹興縣修志採訪處

報告人孫霓笙 字

現住亭後村

現存
已故 節孝葛葉氏係已故儒士葛雲孫之妻

如繼妻則加繼字如妾則改妾字如現存者則點去已故二字如已故者則點去現存二字

現住紹興縣舊山陰屬坊四十二都一圖土名平陽村

凡舊屬山陰會稽並註明之

生於前清咸豐六年八月初三日

凡年分不得塡寫干支如年遠無從查攷月日者不寫亦可

嫁於前清同治十三年月日

夫死於前清光緒三年三月二十六日是年氏二十二歲

守節至年月日現年六十三歲

如現存者寫現年歲如已故者寫歿年歲

父葉維根母孔氏住舊山陰屬坊四十一都二圖土名張家橋

翁曾祥存歿姑高氏存歿

如存者點去歿字歿者點去存字

繼子一人　孫一人　女一人

事實

塡寫下列空行如循分守志無奇異事實者不必作空套語凡事實餘多者另錄粘附

循分守志

一查褒揚條例及施行細則凡婦女節烈貞操可以風世者得受褒揚

(一)節婦守節年限自三十歲以前守節至五十歲以後者但年未五十而身故其守節已及六年者同

(二)烈婦烈女凡遇强暴不從致死或羞忿自盡及夫亡殉節者屬之

(三)貞女守貞年限與節婦同其在夫家守貞身故及未符年例而身故者亦屬之

一夫父翁子孫如有官職者並附註之

一已被旌者註明年月不必錄送全案

一本處開辦採訪專備修志收錄凡呈請褒揚等事由子孫親族自行呈報地方官署本處概不與聞

一此單填就即寄紹城倉橋下紹興縣修志採訪處

報告人祝　蕃　字樾亭　現住同里塗里隝

現存
已故趙　氏係前清東鄉縣丞胡承棨之妻
如繼妻則加繼字如妾則改妾字如現存者則點去已故二字如已故者則點去現存二字

現住紹興縣舊山陰屬二十三都四圖　坊　土名禹會鄉張漊諸侯港
凡舊屬山陰會稽並註明之

生於道光庚子年九月廿九日
凡年分不得塡寫干支如年遠無從查攷月日者不寫亦可

嫁於咸豐己未年　月　日

夫死於同治辛卯年　月　日是年氏二十八歲

守節至宣統庚戌年九月二十七日歿年七十一歲
如現存者寫現年歲如已故者寫歿年歲

父趙步階母　氏住舊山陰屬二十三都一圖　坊　土名華舍

翁雪階存歿姑馬氏存歿
如存者點去歿字歿者點去存字

子一人家淦前清選用縣丞民國兩淮場運局科員孫四人長迪彝杭蕙蘭中學肄業餘年幼女　人

事實
塡寫下列空行如循分守志無奇異事實者不必作空套語凡事實緐多者另錄粘附

已於前清光緒年間呈請旌表奉部覆准

紹興縣志採訪稿

一查褒揚條例及施行細則凡婦女節烈貞操可以風世者得受褒揚

（一）節婦守節年限自三十歲以前守節至五十歲以後者但年未五十而身故其守節已及六年者同

（二）烈婦烈女凡遇强暴不從致死或羞忿自盡及夫亡殉節者屬之

（三）貞女守貞年限與節婦同其在夫家守貞身故及未符年例而身故者亦屬之

一夫父翁子孫如有官職者並附註之

一已被旌者註明年月不必錄送全案

一本處開辦採訪專備修志收錄凡呈請褒揚等事由子孫親族自行呈報地方官署本處概不與聞

一此單塡就卽寄紹城倉橋下紹興縣修志採訪處

報告人　字　現住

舊厂行以守愚君來

十月二日交來

現存/已故節婦劉氏係陳長明妻

如繼妻則加繼字如妾則改妾字如現存者則點去已故二字如已故者則點去現存二字

現住紹興縣舊山陰屬十一都 坊一圖土名東浦南大路

凡舊屬山陰會稽並註明之

生於前清光緒八年二月十九日

凡年分不得塡寫干支如年遠無從查攷月日者不寫亦可

嫁於光緒廿二年十月 日

夫死於光緒廿三年四月十六日是年氏十六歲

守節至民國六年正月二十日歿年三十六歲

如現存者寫現年歲如已故者寫歿年歲

父劉十三母周氏住舊山陰屬十一都 坊一圖土名後馬

翁有寶存/歿姑孫氏存/歿

如存者點去歿字歿者點去存字

子無人繼承胞姪岳林為嗣孫 人女 人

事實

塡寫下列空行如循分守志無奇異事實者不必作空套語凡事實緐多者另錄粘附

氏之于歸也其夫長明適患虛腫不良於行氏日夕侍奉調護維謹越

紹興縣志採訪稿

二月翁病歿氏代盡子職內外無廢事翌年四月夫歿家徒四壁氏典其住屋爲夫營葬六月末傭工於徐仲蓀君之家主人嘉其節儉勤順另眼相待十餘年來因得贖回房產周濟戚黨身後之需無待於人云

一查褒揚條例及施行細則凡婦女節烈貞操可以風世者得受褒揚

㈠節婦守節年限自三十歲以前守節至五十歲以後者但年未五十而身故其守節已及六年者同

㈡烈婦烈女凡遇強暴不從致死或羞忿自盡及夫亡殉節者屬之

㈢貞女守貞年限與節婦同其在夫家守貞身故及未符年例而身故者亦屬之

一夫父翁子孫如有官職者並附註之

一已被旌者註明年月不必録送全案

一本處開辦採訪專備修志收録凡呈請褒揚等事由子孫親族自行呈報地方官署本處概不與聞

一此單塡就即寄紹城倉橋下紹興縣修志採訪處

報告人陳燮樞 陳燮樞印 字贊卿 現住東浦西巻橋

現存/已故 楊宋 氏係楊增元 妻　如繼妻則加繼字如妾則改妾字如現存者則點去已故二字如已故者則點去現存二字

現住紹興縣舊山陰屬　坊　十七都七圖　土名柯橋鎮　凡舊屬山陰會稽並註明之

生於清道光壬寅年十月二十六日　凡年分不得塡寫干支如年遠無從查攷月日者不寫亦可

嫁於清同治伍年　月　日

夫死於清光緒伍年伍月初九日是年氏三十六歲

守節至○○○年○月○日現存年七十五歲　如現存者寫現年歲如已故者寫歿年歲

父宋靜山母黃氏住舊山陰屬　坊　都　圖　土名江頭埠附開泰鄉

翁楊文奎存歿　姑徐氏存歿　如存者點去歿字歿者點去存字

子一人　孫二人　女一人

事實　塡寫下列空行如循分守志無奇異事實者不必作空套語凡事實繁多者另錄粘附

一查褒揚條例及施行細則凡婦女節烈貞操可以風世者得受褒揚

㈠節婦守節年限自三十歲以前守節至五十歲以後者但年未五十而身故其守節已及六年者同

㈡烈婦烈女凡遇强暴不從致死或羞忿自盡及夫亡殉節者屬之

㈢貞女守貞年限與節婦同其在夫家守貞身故及未符年例而身故者亦屬之

一夫父翁子孫如有官職者並附註之

一已被旌者註明年月不必錄送全案

一本處開辦採訪專備修志收錄凡呈請褒揚等事由子孫親族自行呈報地方官署本處概不與聞

一此單填就郎寄紹城倉橋下紹興縣修志採訪處

報告人　　字

現住

現存
已故
葉　氏係董繼樑妻
如繼妻則加繼字如妾則改妾字如現存者則點去已故二字如已故者則點去現存二字

現住紹興縣舊山陰屬柯橋拾八都　坊　四圖　土名　東官塘下岸
凡舊屬山陰會稽並註明之

生於同治丁卯年六月初拾日
凡年分不得填寫干支如年遠無從查攷月日者不寫亦可

嫁於光緒癸未年　月　日

夫死於光緒丁酉年三月十八日是年氏叁拾壹歲

守節至民國戊午年三月初四日歿年伍拾二歲
如現存者寫現年歲如已故者寫歿年歲

父曉山　母周氏住舊山陰屬柯橋　坊　都　圖　土名　湖塘

翁寶成存歿　姑吳氏存歿
如存者點去歿字歿者點去存字

子　人　孫　人　女一人

事實
塡寫下列空行如循分守志無奇異事實者不必作空套語凡事實繁多者另錄粘附

一查褒揚條例及施行細則凡婦女節烈貞操可以風世者得受褒揚

(一)節婦守節年限自三十歲以前守節至五十歲以後者但年未五十而身故其守節已及六年者同

(二)烈婦烈女凡遇強暴不從致死或羞忿自盡及夫亡殉節者屬之

(三)貞女守貞年限與節婦同其在夫家守貞身故及未符年例而身故者亦屬之

一夫父翁子孫如有官職者並附註之

一已被旌者註明年月不必錄送全案

一本處開辦採訪專備修志收錄凡呈請褒揚等事由子孫親族自行呈報地方官署本處概不與聞

一此單塡就即寄紹城倉橋下紹興縣修志採訪處

報告人　字　現住

紹興陳越汀君來

現存已故 沈氏係鄉筱友妻

如繼妻則加繼字如妾則改妾字如現存者則點去已故二字如已故者則點去現存二字

現住紹興縣舊山陰屬柯鎮坊 支都 七圖 土名 上市頭

凡舊屬山陰會稽並註明之

生於咸豐庚申年六月拾八日

凡年分不得塡寫干支如年遠無從查攷月日者不寫亦可

嫁於光緒己卯年九月拾六日

夫死於光緒壬辰年九月念壹日是年氏叁拾弍歲

守節至光緒戊申年四月念叁日殁年四拾八歲

如現存者寫現年歲如已故者寫殁年歲

父蘭庭母孫氏住舊山陰屬柯橋鄉坊 圖 土名 上午頭

翁宗川存殁 姑陳氏存殁

如存者點去殁字殁者點去存字

繼子一人 幼 孫一人 女二人

事實

塡寫下列空行如循分守志無奇異事實者不必作空套語凡事實繁多者另錄粘附

紹興縣志採訪稿

一查褒揚條例及施行細則凡婦女節烈貞操可以風世者得受褒揚

(一)節婦守節年限自三十歲以前守節至五十歲以後者但年未五十而身故其守節已及六年者同

(二)烈婦烈女凡遇强暴不從致死或羞忿自盡及夫亡殉節者屬之

(三)貞女守貞年限與節婦同其在夫家守貞身故及未符年例而身故者亦屬之

一夫父翁子孫如有官職者並附註之

一已被旌者註明年月不必録送全案

一本處開辦採訪專備修志收録凡呈請褒揚等事由子孫親族自行呈報地方官署本處概不與聞

一此單填就卽寄紹城倉橋下紹興縣修志採訪處

報告人　　字

現住

現存/已故 蔣馬氏係蔣金浩妻　如繼妻則加繼字如妾則改妾字如現存者則點去已故二字如已故者則點去現存二字

現住紹興縣舊會稽屬　坊　都　圖　土名大厂村　凡舊屬山陰會稽並註明之

生於光緒七年三月二十二日　凡年分不得填寫干支如年遠無從查攷月日者不寫亦可

嫁於　年　月　日

夫死於宣統元年八月十三日是年氏二十八歲

守節至宣統元年九月十一日殉節而死　歲　如現存者寫現年歲如已故者寫歿年歲

父馬順昌母黄氏住舊嵊縣屬三十二都　坊　圖　土名舉坑村

翁上渭存歿　姑董氏歿存　如存者點去歿字歿者點去存字

子一人中興　孫　人　女　人

事實　填寫下列空行如循分守志無奇異事實者不必作空套語凡事實繇多者另錄粘附

氏通文墨常慕宋伯姬陳孝婦之為人見夫之死也亦不過哀整理喪事井然有條既畢抱其子而囑其弟金生曰蔣氏六代僅此塊肉耳宗祠攸關汝善撫之余喪所天不能久在人世間至九月十一日

紹興縣志採訪局

一慟而絕距夫之死已纔二十八日遠近聞之莫不稱蔣氏有婦可以風矣

一查褒揚條例及施行細則凡婦女節烈貞操可以風世者得受褒揚

(一)節婦守節年限自三十歲以前守節至五十歲以後者但年未五十而身故其守節已及六年者同

(二)烈婦烈女凡遇强暴不從致死或羞忿自盡及夫亡殉節者屬之

(三)貞女守貞年限與節婦同其在夫家守貞身故及未符年例而身故者亦屬之

一夫父翁子孫如有官職者並附註之

一已被旌者註明年月不必錄送全案

一本處開辦採訪專備修志收錄凡呈請褒揚等事由子孫親族自行呈報地方官署本處概不與聞

一此單填就即寄紹城倉橋下紹興縣修志採訪處

報告人　　字　　現住

現存/已故 石孟氏係石雄錦妻（如繼妻則加繼字如妾則改妾字如現存者則點去已故二字如已故者則點去現存二字）

現住紹興縣舊會稽屬廿二坊/都一圖土名上灶鎖水橋（凡舊屬山陰會稽並註明之）

生於咸豐四年六月廿八日（凡年分不得塡寫干支如年遠無從查攷月日者不寫亦可）

嫁於同治七年十月十六日

夫死於光緒二年三月初七日是年氏廿三歲

守節至四十二年　月　日現年六十五歲（如現存者寫現年歲　如已故者寫歿年歲）

父孟維貴母董氏住舊會稽屬　坊/都　圖土名獨樹

翁石廷富存/歿　姑陶氏存/歿（如存者點去歿字　歿者點去存字）

子二人　孫二人　女二人

事實（塡寫下列空行如循分守志無奇異事實者不必作空套語凡事實錄多者另錄粘附）

紹興縣志採訪稿

一查褒揚條例及施行細則凡婦女節烈貞操可以風世者得受褒揚

(一)節婦守節年限自三十歲以前守節至五十歲以後者但年未五十而身故其守節已及六年者同

(二)烈婦烈女凡遇強暴不從致死或羞忿自盡及夫亡殉節者屬之

(三)貞女守貞年限與節婦同其在夫家守貞身故及未符年例而身故者亦屬之

一夫父翁子孫如有官職者並銜註之

一已被旌者註明年月不必錄送全案

一本處開辦採訪專備修志收錄凡呈請褒揚等事由子孫親族自行呈報地方官署本處概不與聞

一此單塡就卽寄紹城倉橋下紹興縣修志採訪處

報告人 王蘇龕 字 [illegible] 現住 紹城 [illegible] 到

現存宋陳氏係宋德文妻

現住紹興縣舊會稽屬念畫都式圖土名宋駕墊

生於清同治四年十二月二十日

嫁於光緒九年九月十四日

夫死於光緒十二年八月初三日是年氏二十二歲

守節至民國七年　月　日現年五十四歲

父陳思德母宋氏住舊會稽屬　土名　陳家坎

翁盛階殁姑蔣氏没

嗣子一人　　女一人

事實　氏於民國五年十二月被旌

報告人宋沅字芷生現住宋駕墊

現存宋陳氏係宋德垚妻

現住紹興縣舊會稽屬念直都弍圖土名宋駕墊

生於清同治八年四月二十四日

嫁於光緒十年八月二十一日

夫死於光緒十四年正月十七日是年氏二十歲

守節至民國七年　月　日現年五十歲

父陳家榮母吳氏住嵊縣　土名陳村

翁宋盛嵩殁姑陳氏存

子一人　孫一人

報告人宋沅字芷生現住宋駕墊

已故宋丁氏係宋永文妻
現住紹興縣舊會稽屬念壹都弍圖土名宋駕墊
生於清咸豐二年七月二十二日
嫁於同治九年九月　日
夫死於同治十一年十二月十四日是年氏二十一歲
守節至光緒十八年五月二十二日歿年四十一歲
父丁世祥母潘氏住舊會稽屬　土名溪上
翁天栻歿姑李氏歿黄氏歿
子一人　孫四人
報告人宋沅字芷生現住宋駕墊

現存宋池氏係宋益葆妻

現住紹興縣舊會稽屬念壹都弌圖土名宋駕墊

生於清同治四年十一月十二日

嫁於光緒十一年十一月二十二日

夫死於光緒十二年五月初十日是年氏二十二歲

守節至民國七年　月　日現年五十四歲

父池鳳川母鍾氏住舊會稽屬　土名　坳嶺下

翁永奎歿姑董氏歿

嗣子一人

報告人宋沅並生現住宋駕墊

已故宋沈氏係宋洪勲妻
現住紹興舊會稽屬念查都弍圖土名宋駕墊
生於清康熙三十二年十二月初九日
嫁於康熙缺
夫死於康熙六十一年二月初六日是年氏三十歲
守節至乾隆十三年十二月十四日歿年五十六歲
父缺母缺住舊會稽屬　土名馆塘
翁懋志歿姑呂氏歿
嗣子一人
事實　乾隆十三年被旌
報告人宋沆字苙生住宋駕墊

已故宋莫氏係宋懋志繼妻

現住紹興縣舊會稽屬念𡈽都弍圖土名宋駕墊

生於清康熙五十五年六月十四日

嫁於康熙缺

夫死於康熙五十年三月二十日是年氏二十六歲

守節至康熙六十一年六月十二日殁年三十七歲

父缺母缺

翁如珙殁姑陶氏殁

嗣子一人　女一人

事實　乾隆十三年被旌

報告人宋沅字芷生住宋駕墊

七年七月十七日郵寄到

現存/已故 陳 氏係 邵敬顯公繼 妻

如繼妻則加繼字如妾則改妾字如現存者則點去已故二字如已故者則點去現存二字

現住紹興縣舊 山陰 屬 天樂鄉 都 坊 圖 土名 下邵村

凡舊屬山陰會稽並註明之

生於 前清道光十四 年 六 月 十四 日

凡年分不得填寫干支如年遠無從查攷月日者不寫亦可

嫁於 年 月 日

夫死於 同治元 年 月 日是年氏 二十九 歲

髮匪擾浙敬顯公起義抗之遂死於難故未詳其月日

守節至 同治十三 年 十二 月 二十一 日 年 四十一 歲

如現存者寫現年歲如已故者寫歿年歲

父陳恩忠 母 田 氏住舊 山陰 屬 天樂鄉 都 坊 圖 土名 安山陳

翁 邵樑公 存/歿 姑 氏 存/歿

如存者點去歿字 歿者點去存字

嗣子 一 人 孫 三 人 女 無 人

事實

塡寫下列空行如循分守志無奇異事實者不必作空套語凡事實繁多者另錄粘附

紹興縣志採訪稿

一查褒揚條例及施行細則凡婦女節烈貞操可以風世者得受褒揚
(一)節婦守節年限自三十歲以前守節至五十歲以後者但年未五十而身故其守節已及六年者同
(二)烈婦烈女凡遇强暴不從致死或羞忿自盡及夫亡殉節者屬之
(三)貞女守貞年限與節婦同其在夫家守貞身故及未符年例而身故者亦屬之
一夫父翁子孫如有官職者並附註之
一已被旌者註明年月不必錄送全案
一本處開辦採訪專備修志收錄凡呈請褒揚等事由子孫親族自行呈報地方官署本處概不與聞
一此單塡就卽寄紹城倉橋下紹興縣修志採訪處

報告人 鄧[illegible] 字志千
現住北京陸軍〻医学校

七年六月廿日丁蓀圃君交來

現存陳　王　氏係陳懋椿繼妻
已故陳　周　　　陳光榮

如繼妻則加繼字如妾則改妾字如現存者則點去已故二字如已故者則點去現存二字

現住紹興縣舊會稽屬下望坊　都　圖　土名睡仙橋河沿

凡舊屬山陰會稽並註明之

生於清道光二十一年三月廿九日
　　清道光二十二年十二月廿五日

凡年分不得填寫干支如年遠無從查攷月日者不寫亦可

嫁於清咸豐九年九月　日
　　清咸豐十一

夫死於清咸豐十一年八月　日是年氏二十一歲
　　清同治元　　　　　　　　　二十二

守節至民國七年八月初二日現年七十八歲
　　清光緒十九　　　　　　歿　　五十

如現存者寫現年歲如已故者寫歿年歲

父王樹林　母張氏住舊屬　坊　都　圖　土名
　周葛松　　楊

翁陳大惠存歿　姑高氏存歿

如存者點去歿字歿者點去存字

子一人名文鑑　孫　人　女　人

事實

塡寫下列空行如循分守志無奇異事實者不必作空套語凡事實繁多者另錄粘附

按陳周氏嫁之次年即遇粵匪入城遂偕翁姑避難山陰下方橋夫□病故遺腹生男

魯白文鍇爲姑相繼青年守節撫孫三十年如一日光緒廿年由浙撫松奏請節孝婦節勵松筠匾額

又陳王氏夫死後守節立於家奉養姑疾晝以備乳食日夜爲誠孝光緒廿七年曾請節孝婦柏舟矢志匾額

其人現尚健存

一查褒揚條例及施行細則凡婦女節烈貞操可以風世者得受褒揚

㈠節婦守節年限自三十歲以前守節至五十歲以後者但年未五十而身故其守節已及六年者同

㈡烈婦烈女凡遇強暴不從致死或羞忿自盡及夫亡殉節者屬之

㈢貞女守貞年限與節婦同其在夫家守貞身故及未符年例而身故者亦屬之

一夫父翁子孫如有官職者並附註之

一已被旌者註明年月不必錄送全案

一本處開辦採訪專備修志收錄凡呈請褒揚等事由子孫親族自行呈報地方官署本處概不與聞

一此單塡就卽寄紹城倉橋下紹興縣修志採訪處

報告人　字

現住

現存
已故 沈　氏係陸補堂　妻

如繼妻則加繼字如妾則改妾字如現存者則點去已故二字如已故者則點去現存二字

現住紹興縣舊山陰屬　坊　三十七都　一圖　土名　後梅湖

凡舊屬山陰會稽並註明之

生於道光二十四　年八月初二日

凡年分不得塡寫干支如年遠無從查攷月日者不寫亦可

嫁於咸豐九　年二月初六日

夫死於光緒五　年閏三月二十三日是年氏　三十六　歲

守節至光緒二十一年二月二十三日　年　五十二　歲

如現存者寫現年歲如已故者寫殁年歲

父沈雲軒母章氏住舊蕭山屬　坊　都　圖　土名長巷村

翁燿南存殁　姑周氏存殁

如存者點去殁字殁者點去存字

子二人長鴻飛宣統己酉科優貢次聘之早卒　孫二人長恩注蕙蘭中學畢業交通部考取郵務員次恩湧幼讀　女二人

事實

塡寫下列空行如循分守志無奇異事實者不必作空套語凡事實繁多者另錄粘附

青年矢志勁節可風支持門戶備歷艱辛待人以寬教子以嚴勤勞似敬姜義

訓似孟母守成創業保乂有家不愧爲巾幗丈夫焉

一查褒揚條例及施行細則凡婦女節烈貞操可以風世者得受褒揚

㈠節婦守節年限自三十歲以前守節至五十歲以後者但年未五十而身故其守節已及六年者同

㈡烈婦烈女凡遇强暴不從致死或羞忿自盡及夫亡殉節者屬之

㈢貞女守貞年限與節婦同其在夫家守貞身故及未符年例而身故者亦屬之

一夫父翁子孫如有官職者並附註之

一已被旌者註明年月不必錄送全案

一本處開辦採訪專備修志收錄凡呈請褒揚等事由子孫親族自行呈報地方官署本處概不與聞

一此單塡就卽寄紹城倉橋下紹興縣修志採訪處

報告人陸　遵　字鴻飛　現住新安鄉後梅湖

現存/已故 楊繆氏係楊宗義妻　如繼妻則加繼字如妾則改妾字如現存者則點去已故二字如已故者則點去現存二字

現住紹興縣舊山陰屬十七都七圖　坊　土名柯鎮　凡舊屬山陰會稽並註明之

生於清嘉慶十七年十一月初三日　凡年分不得塡寫干支如年遠無從查攷月日者不寫亦可

嫁於清道光七年　月　日

夫死於清道光九年十二月廿三日是年氏拾捌歲

守節至六十六年九月十九日卒年八十三歲　如現存者寫現年歲如已故者寫歿年歲

父繆〻永安母蕭氏住舊山陰屬　坊　都　圖　土名後梅村

翁楊德維存/歿　姑潘氏存/歿　如存者則點去歿字如歿者點去存字

的姪蒹文奎祧 子一人　孫四人　女　人

事實　塡寫下列空行如循分守志無奇異事實者不必作空套語凡事實繁多者另錄粘附

一查褒揚條例及施行細則凡婦女節烈貞操可以風世者得受褒揚

(一)節婦守節年限自三十歲以前守節至五十歲以後者但年未五十而身故其守節已及六年者同

(二)烈婦烈女凡遇强暴不從致死或羞忿自盡及夫亡殉節者屬之

(三)貞女守貞年限與節婦同其在夫家守貞身故及未符年例而身故者亦屬之

一夫父翁子孫如有官職者並附註之

一已被旌者註明年月不必錄送全案

一本處開辦採訪專備修志收錄凡呈請褒揚等事由子孫親族自行呈報地方官署本處概不與聞

一此單填就即寄紹城倉橋下紹興縣修志採訪處

報告人　陳越汀　字　現住　柯橋

現存/已故 楊徐 氏係楊文奎妻　如繼妻則加繼字如妾則改妾字如現存者則點去已故二字如已故者則點去現存二字

現住紹興縣舊山陰屬 十七 坊 都 七 圖 土名 柯橋　凡舊屬山陰會稽並註明之

生於清道光九年六月廿二日　凡年分不得塡寫干支如年遠無從查攷月日者不寫亦可

嫁於清道光念伍年 月 日

夫死於咸豐拾壹年五月念六日是年氏三十三歲

守節至四十六年伍月十九日卒年七十八歲　如現存者寫現年歲如已故者寫歿年歲

父徐成先母楊氏住舊山陰屬 坊 都 圖 土名 曾墅埠

翁楊宗仁 存/歿 姑沈氏 存/歿　如存者點去歿字歿者點去存字

子四人　孫八人　女一人

事實　塡寫下列空行如循分守志無奇異事實者不必作空套語凡事實緐多者另錄粘附

紹興縣志採訪稿

一查褒揚條例及施行細則凡婦女節烈貞操可以風世者得受褒揚

㈠節婦守節年限自三十歲以前守節至五十歲以後者但年未五十而身故其守節已及六年者同

㈡烈婦烈女凡遇強暴不從致死或羞忿自盡及夫亡殉節者屬之

㈢貞女守貞年限與節婦同其在夫家守貞身故及未符年例而身故者亦屬之

一夫父翁子孫如有官職者並附註之

一已被旌者註明年月不必錄送全案

一本處開辦採訪專備修志收錄凡呈請褒揚等事由子孫親族自行呈報地方官署本處概不與聞

一此單填就即寄紹城倉橋下紹興縣修志採訪處

報告人柯橋陳越汀君來
現住

七年
到[illegible]

現存/已故　姚鄭氏係姚家增妻

如繼妻則加繼字如妾則改妾字如現存者則點去已故二字如已故者則點去現存二字

現住紹興縣舊會稽屬石童坊　都　圖　土名

凡舊屬山陰會稽並註明之

生於道光十二年九月初六日

凡年分不得塡寫干支如年遠無從查攷月日者不寫亦可

嫁於咸豐三年十月　日

夫死於咸豐六年九月十六日是年氏二十六歲

守節至光緒二九年正月二十五日歿年七十三歲

如現存者寫現年歲如已故者寫歿年歲

父　　母　　氏住舊　　屬　　坊　都　圖　土名

翁　存/歿　姑　　氏　存/歿

如存者點去歿字歿者點去存字

子　人　孫　人　女一人

事實　矢志守節

塡寫下列空行如循分守志無奇異事實者不必作空套語凡事實緐多者另錄粘附

一查褒揚條例及施行細則凡婦女節烈貞操可以風世者得受褒揚

(一)節婦守節年限自三十歲以前守節至五十歲以後者但年未五十而身故其守節已及六年者同

(二)烈婦烈女凡遇强暴不從致死或羞忿自盡及夫亡殉節者屬之

(三)貞女守貞年限與節婦同其在夫家守貞身故及未符年例而身故者亦屬之

一夫父翁子孫如有官職者並附註之

一已被旌者註明年月不必錄送全案

一本處開辦採訪專備修志收錄凡呈請褒揚等事由子孫親族自行呈報地方官署本處概不與聞

一此單塡就卽寄紹城倉橋下紹興縣修志採訪處

報告人 尹 沼 字海凡 現住城内東光坊草貌橋

現存
已故陳王氏係陳祥麟妻

如繼妻則加繼字如妾則改妾字如現存者則點去已故二字如已故者則點去現存二字

現住紹興縣舊會稽屬西大坊都圖土名

凡舊屬山陰會稽並註明之

生於道光丁亥年十二月二十七日

凡年分不得填寫干支如年遠無從查攷月日者不寫亦可

嫁於　年　月　日

夫死於　年　月　日是年氏二十三歲

守節至民國元年二月初十日歿年八十六歲

如現存者寫現年歲
如已故者寫歿年歲

父王槐亭母徐氏住舊會稽屬石童坊都圖土名

翁陳繹如存歿姑陶楊氏存歿

如存者點去歿字
歿者點去存字

嗣子一人陳昺字熊霖孫二人陳壽康麐曾孫三人陳世慶延鴻曾女孫三人連桂子藕

事實

填寫下列空行如循分守志無奇異事實者不必作空套語凡事實緐多者另錄粘附

同治九年十月浙江巡撫楊昌濬奏請朝廷旌表節孝

紹興縣志採訪稿

一查褒揚條例及施行細則凡婦女節烈貞操可以風世者得受褒揚

(一)節婦守節年限自三十歲以前守節至五十歲以後者但年未五十而身故其守節已及六年者同

(二)烈婦烈女凡遇强暴不從致死或羞忿自盡及夫亡殉節者屬之

(三)貞女守貞年限與節婦同其在夫家守貞身故及未符年例而身故者亦屬之

一夫父翁子孫如有官職者並附註之

一已被旌者註明年月不必錄送全案

一本處開辦採訪專備修志收錄凡呈請褒揚等事由子孫親族自行呈報地方官署本處概不與聞

一此單塡就郎寄紹城倉橋下紹興縣修志採訪處

報告人朱淵南 字幼溪 現住廣甯橋

現存已故節婦吳何氏係吳鵬志妻
如繼妻則加繼字如妾則改妾字如現存者則點去已故二字如已故者則點去現存二字

現住紹興縣舊會稽屬安寧坊都圖土名大坊口
凡舊屬山陰會稽並註明之

生於嘉慶十九年十月十七日
凡年分不得塡寫干支如年遠

無從查攷月日者不寫亦可

嫁於道光七年八月初八日

夫死於道光二十四年五月初五日是年氏三十歲

守節至同治三年四月二十二日病故年五十一歲
如現存者寫現年歲如已故者寫歿年歲

父錦　母陶氏住舊山陰屬廿五都坊四圖土名峽山

翁盈之存歿　姑章何氏存歿
如存者點去歿字歿者點去存字

子二人　孫五人　女二人

事實
塡寫下列空行如循分守志無奇異事實者不必作空套語凡事實繁多者另錄粘附

一查褒揚條例及施行細則凡婦女節烈貞操可以風世者得受褒揚

(一)節婦守節年限自三十歲以前守節至五十歲以後者但年未五十而身故其守節已及六年者同

(二)烈婦烈女凡遇强暴不從致死或羞忿自盡及夫亡殉節者屬之

(三)貞女守貞年限與節婦同其在夫家守貞身故及未符年例而身故者亦屬之

一夫父翁子孫如有官職者並附註之

一已被旌者註明年月不必錄送全案

一本處開辦採訪專備修志收錄凡呈請褒揚等事由子孫親族自行呈報地方官署本處概不與聞

一此單塡就卽寄紹城倉橋下紹興縣修志採訪處

報告人 吴温 字融亭 現住本城大坊口

節婦吴何氏事實及被旌年月開列於后

節婦賦性端莊克敦孝道教遵姆訓勤習女工宗黨稱為淑女

節婦于歸後孝事翁姑居常愉色婉容先意承志翁姑殁後喪哀祭敬克盡孝道

節婦于歸十有七載夫患疾病氏盡心湯藥毫無倦容及殁喪葬盡哀盡誠悉合禮法

節婦夫故後每遇祭祀曲体夫志克盡誠敬又撫育孤子勤於督課俾得成立不墜宗祧

戚里咸稱貞孝

於光緒二十年十二月十五日

旌表在案

節婦吳章氏事實及被旌年月開列於后

一 節婦幼嫺姆訓長習女工言笑不苟孝事父母宗族稱之

一 節婦於歸後孝以事姑先意承志時遭世亂鄉村避居孝養未嘗稍怠隣里尚猶稱道勿衰

一 節婦于歸甫及三載姑因姑病親奉湯藥未嘗廣離姑歿後盡哀盡誠繼因夫病醫藥無效氏悲慟呼搶痛不欲生經理喪葬哀禮備至

一 節婦夫故後每逢春秋祭祀必誠必敬又撫育孤子曲承夫志至嚴至慈今子業已長成以推寔節之婦

於光緒二十年十二月十五日

旌表在案

現存／已故節婦吳章氏係吳增慶妻

如繼妻則加繼字如妾則改妾字如現存者則點去已故二字如已故者則點去現存二字

現住紹興縣舊會稽屬朝東坊都　圖　土名觀音衖

凡舊屬山陰會稽並註明之

生於道光二十四年十月初四日

凡年分不得塡寫干支如年遠無從查攷月日者不寫亦可

嫁於同治元年七月二十八日

夫死於同治三年八月十五日是年氏二十二歲

守節至民國七年　月　日現年七十六歲

如現存者寫現年歲如已故者寫歿年歲

父蔓　母劉氏住舊會稽屬十二都二圖　坊　土名道墟

翁鵬志存歿　姑何氏存歿

如存者點去歿字歿者點去存字

子一人　孫一人　女無人

事實

塡寫下列空行如循分守志無奇異事實者不必作空套語凡事實繁多者另錄粘附

一查褒揚條例及施行細則凡婦女節烈貞操可以風世者得受褒揚

(一)節婦守節年限自三十歲以前守節至五十歲以後者但年未五十而身故其守節已及六年者同

(二)烈婦烈女凡遇強暴不從致死或羞忿自盡及夫亡殉節者屬之

(三)貞女守貞年限與節婦同其在夫家守貞身故及未符年例而身故者亦屬之

一夫父翁子孫如有官職者並附註之

一已被旌者註明年月不必錄送全案

一本處開辦採訪專備修志收錄凡呈請褒揚等事由子孫親族自行呈報地方官署本處概不與聞

一此單填就卽寄紹城倉橋下紹興縣修志採訪處

報告人 吳温 字融亭 現住本城大坊口

七年五月署來

現存/已故 王陳氏係王康夫妻

如繼妻則加繼字如妾則改妾字如現存者則點去已故二字如已故者則點去現存二字

現住紹興縣舊會稽屬十一坊都三圖土名屯頭村

凡舊屬山陰會稽並註明之

生於清道光廿八年　月　日

凡年分不得填寫干支如年遠無從查攷月日者不寫亦可

嫁於清同治四年　月　日

夫死於清同治七年　月　日是年氏廿一歲

守節至中華民國二年正月廿三日歿年六十六歲

如現存者寫現年歲如已故者寫歿年歲

父陳肖恕　母金氏　住舊會稽屬　坊　都　圖　土名曹娥

翁王輝庭 存/歿　姑魯氏 存/歿

如存者點去歿字歿者點去存字

子　人　孫　人　女　人

事實

填寫下列空行如循分守志無奇異事實者不必作空套語凡事實緐多者另錄粘附

氏于歸一日翁卒姑督子治喪而以家政委諸氏翁葬後氏夫遠遊福建

臨行囑氏曰家中毋弟汝善視之蓋氏夫弟三人年均幼穉也閱三年夫歿
於閻氏恐舅姑悲反掩涕而慰之族里悲其遇而益嘉其孝

一查褒揚條例及施行細則凡婦女節烈貞操可以風世者得受褒揚

(一)節婦守節年限自三十歲以前守節至五十歲以後者但年未五十而身故其守節已及六年者同

(二)烈婦烈女凡遇强暴不從致死或羞忿自盡及夫亡殉節者屬之

(三)貞女守貞年限與節婦同其在夫家守貞身故及未符年例而身故者亦屬之

一夫父翁子孫如有官職者並附註之

一已被旌者註明年月不必錄送全案

一本處開辦採訪專備修志收錄凡呈請褒揚等事由子孫親族自行呈報地方官署本處概不與聞

一此單塡就卽寄紹城倉橋下紹興縣修志採訪處

報告人朱淵南 字幼溪 現住廣甯橋

壽晉芳來

現存
已故沈徐氏係沈逢奎之妻　如繼妻則加繼字如妾則改妾字如現存者則點去已故二字如已故者則點去現存二字

現住紹興縣舊山陰屬十一都一圖　坊　土名東浦　凡舊屬山陰會稽並註明之

生於前清道光廿四年五月二十日　凡年分不得塡寫干支如年遠無從查歿月日者不寫亦可

嫁於前清咸豐十年三月廿七日

夫死於前清同治十年八月廿六日是年氏二十八歲

守節至民國七年二月　日現年七十五歲　如現存者寫現年歲如已故者寫歿年歲

父徐國唐母易氏住舊山陰屬十一都一圖　坊　土名東浦

翁沈榮存歿　姑趙趙氏存歿　如存者點去歿字歿者點去存字

子一人名如松　孫三人錫慶裕和　女二人

事實

塡寫下列空行如循分守志無奇異事實者不必作空套語凡事實繁多者另錄粘附

一查褒揚條例及施行細則凡婦女節烈貞操可以風世者得受褒揚

(一)節婦守節年限自三十歲以前守節至五十歲以後者但年未五十而身故其守節已及六年者同

(二)烈婦烈女凡遇强暴不從致死或羞忿自盡及夫亡殉節者屬之

(三)貞女守貞年限與節婦同其在夫家守貞身故及未符年例而身故者亦屬之

一夫父翁子孫如有官職者並附註之

一已被旌者註明年月不必錄送全案

一本處開辦採訪專備修志收錄凡呈請褒揚等事由子孫親族自行呈報地方官署本處概不與聞

一此單填就卽寄紹城倉橋下紹興縣修志採訪處

報告人徐鳳鳴 字梅生 現住紹興縣舊山陰屬東浦

氏善文字精書算逢奎遊幕處州太姑及姑年老家內事無鉅細皆賴整理同治十年秋八月逢奎病故於處州府幕時氏年二十有八凶耗傳來哀毀欲絕及靈柩回里安厝畢痛不欲生吞金圖盡被僕婦知覺遇救得生繼念上有八旬太姑[redacted]六旬之姑下有七齡孤子事急無人亦覺身殉之非計遂矢志守貞事上撫孤冀成夫志家本清貧又五[redacted]代單傳終鮮伯叔氏以一女流獨担家政日操井臼夜作針黹以補侍奉[redacted]教育之資慘淡經營上下得免凍餒光緒四年秋九月太姑章氏患癱弱之症纏綿牀褥氏典質釵珥以資醫藥勤侍湯藥親滌側牏五閱月如一日明年春二月章氏病歿喪葬如儀姑趙氏以家係單傳子系不興思早娶孫媳而苦無貲氏知其意獨力籌措至光緒七年服闋即為子如松娶顧氏女為室以博姑歡光緒十一年夏六月孫錫慶生十三年夏四月姑趙氏之病卒其侍病也親嘗湯藥夜不解衣不以下有孫媳而稍弛服勞時氏年已四十四歲矣[illegible]

媳代撐家務，孫繼又得孫錫裕、錫和，氏漸得安享，課孫以外，日以閱詩史以自娛。凡遇鄰里孤嫠有所告貸，雖家資未充，必量力周給，且施義塚，以爲人貧苦者作浮厝之處，其樂善好施也如此。現在年逾古稀，精神比舊更康健，目力未花，仍日閱書報以自娛。

遺氏自二十八歲至今七十有五，計守節四十八年矣。

十年五月廿日存來

現存
已故趙英氏係趙子安妻

如繼妻則加繼字如妾則改妾字如現存者則點去已故二字如已故者則點去現存二字

現住紹興縣舊會稽屬　坊　都　圖　士名黃蜂衕

凡舊屬山陰會稽並註明之

生於道光二十年十二月廿二日

凡年分不得塡寫干支如年遠無從查攷月日者不寫亦可

嫁於　年　月　日

生於道光廿四年五月廿二日

夫死於咸丰十一年九月廿九日是年氏　歲

守節於同治三年三月十九日　年二十五歲

如現存者寫現年歲如已故者寫歿年歲

父　母　氏住舊道墟屬　坊　都　圖　士名

翁禹川存歿　姑章氏存歿

如存者點去歿字歿者點去存字

子無人　孫無人　女　人

事實

塡寫下列空行如循分守志無奇異事實者不必作空套語凡事實係多者另錄粘附

氏嫁於趙氏將及一年其夫被賊擄去不歸至賊退後住屋為賊所毀在西郭

紹興縣志采訪稿

高宅同姑暫住至同治三年見其夫不歸竟服鴉片煙而死祔葬於朱家

墺趙禹川公墓中其家譜中見有欽旌節烈字樣

一查褒揚條例及施行細則凡婦女節烈貞操可以風世者得受褒揚

(一)節婦守節年限自三十歲以前守節至五十歲以後者但年未五十而身故其守節已及六年者同

(二)烈婦烈女凡遇强暴不從致死或羞忿自盡及夫亡殉節者屬之

(三)貞女守貞年限與節婦同其在夫家守貞身故及未符年例而身故者亦屬之

一夫父翁子孫如有官職者並附註之

一已被旌者註明年月不必錄送全案

一本處開辦採訪專備修志收錄凡呈請褒揚等事由子孫親族自行呈報地方官署本處概不與聞

一此單塡就即寄紹城倉橋下紹興縣修志採訪處

承恩坊 報告人 高墨塏 字 現住

辛酉春日來函

現存
已故陳傅氏係陳維楨字心田之妻

如繼妻則加繼字如妾則改妾字如現存者則點去已故二字如已故者則點去現存二字

現住紹興縣舊山陰屬　坊　都　圖　土名羅家莊

凡舊屬山陰會稽並註明之

生於同治丙寅年八月初二日

凡年分不得填寫干支如年遠無從查攷月日者不寫亦可

嫁於光緒乙酉年十月初八日

夫死於光緒丁亥年九月初一日是年氏二十二歲

守節至民國丁巳年十二月初二日　年五十二歲存

如現存者寫現年歲如已故者寫歿年歲

父傅紹賢母華氏住舊山陰屬　坊　都　圖　土名羅家莊

翁陳大剛存歿姑王氏存歿

如存者點去歿字歿者點去存字

子一人汝霖歿　孫　人　女　人

事實

塡寫下列空行如循分守志無奇異事實者不必作空套語凡事實繁多者另錄粘附

一查褒揚條例及施行細則凡婦女節烈貞操可以風世者得受褒揚

(一)節婦守節年限自三十歲以前守節至五十歲以後者但年未五十而身故其守節已及六年者同

(二)烈婦烈女凡遇强暴不從致死或羞忿自盡及夫亡殉節者屬之

(三)貞女守貞年限與節婦同其在夫家守貞身故及未符年例而身故者亦屬之

一夫父翁子孫如有官職者並附註之

一已被旌者註明年月不必錄送全案

一本處開辦採訪專備修志收錄凡呈請褒揚等事由子孫親族自行呈報地方官署本處概不與聞

一此單填就即寄紹城倉橋下紹興縣修志採訪處

報告人陳壽鼎 字慎齋 現住山邑西如坊古貢院

七年五月吳伯青岩先生來

現存／已故 節婦周氏係張彩章妻 如繼妻則加繼字如妾則改妾字如現存者則點去已故二字如已故者則點去現存二字

現住紹興縣舊山陰屬　坊　四十四都三圖　土名馬鞍圓鴐橋 凡舊屬山陰會稽並註明之

生於清道光十九年十二月十三日 凡年分不得填寫干支如年遠無從查攷月日者不寫亦可

嫁於咸豐六年九月十二日

夫死於同治六年七月初十日是年氏貳拾玖歲

守節至光緒三十四年七月十五日歿年七十歲 如現存者寫現年歲如已故者寫歿年歲

父周學聖母朱氏住舊山陰屬　坊　四十四都二圖　土名馬鞍丁家堰

翁張元良存／歿　姑周氏存／歿 如存者點去歿字歿者點去存字

子壹人張紹前　孫四人祖根祖培祖元祖錫　女無人

事實

塡寫下列空行如循分守志無奇異事實者不必作空套語凡事實繁多者另錄粘附

一查褒揚條例及施行細則凡婦女節烈貞操可以風世者得受褒揚

(一)節婦守節年限自三十歲以前守節至五十歲以後者但年未五十而身故其守節已及六年者同

(二)烈婦烈女凡遇强暴不從致死或羞忿自盡及夫亡殉節者屬之

(三)貞女守貞年限與節婦同其在夫家守貞身故及未符年例而身故者亦屬之

一夫父翁子孫如有官職者並附註之

一已被旌者註明年月不必錄送全案

一本處開辦採訪專備修志收錄凡呈請褒揚等事由子孫親族自行呈報地方官署本處概不與聞

一此單填就即寄紹城倉橋下紹興縣修志採訪處

報告人傅紹霖 肖巖 住馬鞍橫塘頭村

卅年五月廿六收

現存
已故沈朱氏係沈耿英之妻
如繼妻則加繼字如妾則改妾字如現存者則點去已故二字如已故者則點去現存二字

現住紹興縣舊山陰屬四十五坊都二圖土名馬鞍鄉坂里沈
凡舊屬山陰會稽並註明之

生於咸豐三年七月十三日
凡年分不得填寫干支如年遠無從查攷月日者不寫亦可

嫁於同治支年式月念六日

夫死於光緒七年式月拾六日是年氏式拾九歲

守節至叁拾年五月九日歿年五拾九歲
如現存者寫現年歲如已故者寫歿年歲

父朱晳平母潘氏住舊山陰屬四十五坊都二圖土名本鄉圓儕橋

翁沈思心存歿姑陳氏存歿
如存者點去歿字歿者點去存字

子壹人沈知先　孫式人沈志蘭、明　女壹人適王門

事實
塡寫下列空行如循分守志無奇異事實者不必作空套語凡事實繁多者另錄粘附

一查褒揚條例及施行細則凡婦女節烈貞操可以風世者得受褒揚

(一)節婦守節年限自三十歲以前守節至五十歲以後者但年未五十而身故其守節已及六年者同

(二)烈婦烈女凡遇強暴不從致死或羞忿自盡及夫亡殉節者屬之

(三)貞女守貞年限與節婦同其在夫家守貞身故及未符年例而身故者亦屬之

一夫父翁子孫如有官職者並附註之

一已被旌者註明年月不必錄送全案

一本處開辦採訪專備修志收錄凡呈請褒揚等事由子孫親族自行呈報地方官署本處概不與聞

一此單填就即寄紹城倉橋下紹興縣修志採訪處

報告人傅紹霖〔印〕肖巖

住馬鞍橫塘頭村

現存已故姚氏係徐配雲之妻　如繼妻則加繼字如妾則改妾字如現存者則點去已故二字如已故者則點去現存二字

現住紹興縣舊山陰屬坊都圖土名柯橋鎮三家村　凡舊屬山陰會稽並註明之

生於咸豐拾壹年十二月十三日　凡年分不得塡寫干支如年遠無從查攷月日者不寫亦可

嫁於光緒柒年正月日

夫死於光緒十二年八月初三日是年氏歲

守節至三十三年月日年歲　如現存者寫現年歲如已故者寫歿年歲

父姚心如母周氏住舊山陰屬坊都圖土名柯橋鎮三家村

翁徐永康存歿姑袁氏存歿　如存者點去歿字歿者點去存字

子一人孫二人女一人

事實　塡寫下列空行如循分守志無奇異事實者不必作空套語凡事實繁多者另錄粘附

七年五月廿七日來

一查褒揚條例及施行細則凡婦女節烈貞操可以風世者得受褒揚

(一)節婦守節年限自三十歲以前守節至五十歲以後者但年未五十而身故其守節已及六年者同

(二)烈婦烈女凡遇强暴不從致死或羞忿自盡及夫亡殉節者屬之

(三)貞女守貞年限與節婦同其在夫家守貞身故及未符年例而身故者亦屬之

一夫父翁子孫如有官職者並附註之

一已被旌者註明年月不必錄送全案

一本處開辦採訪專備修志收錄凡呈請褒揚等事由子孫親族自行呈報地方官署本處概不與聞

一此單填就即寄紹城倉橋下紹興縣修志採訪處

報告人徐長齡　字介臣　現住火珠巷源順莊内

現存/已故　許　氏係石三閏之妻

如繼妻則加繼字如妾則改妾字如現存者則點去已故二字如已故者則點去現存二字

現住紹興縣舊山陰屬　五　坊　都二圖　土名斗門寶積橋

凡舊屬山陰會稽者註明之

生於前清道光二十年八月初八日

凡年分不得填寫干支如年遠無從查攷月日者不寫亦可

嫁於　年　月　日

夫死於前清同治十二年七月初四日是年氏　歲

如現存者寫現年歲如已故者寫歿年歲

守節至四拾六年　月　日　年　歲

父許忠元　母高氏　住舊山陰屬　五　坊　都二圖　土名斗門寶積橋

如存者點去歿字歿者點去存字

翁石友孝　存/歿　姑葉氏　存/歿

子一人　孫二人　女無人

事實

填寫下列空行如循分守志無奇異事實者不必作空套語凡事實繁多者另錄粘附

年五月廿二日來

紹興縣志採訪稿

一查褒揚條例及施行細則凡婦女節烈貞操可以風世者得受褒揚

(一)節婦守節年限自三十歲以前守節至五十歲以後者但年未五十而身故其守節已及六年者同

(二)烈婦烈女凡遇強暴不從致死或羞忿自盡及夫亡殉節者屬之

(三)貞女守貞年限與節婦同其在夫家守貞身故及未符年例而身故者亦屬之

一夫父翁子孫如有官職者並附註之

一已被旌者註明年月不必錄送全案

一本處開辦採訪專備修志收錄凡呈請褒揚等事由子孫親族自行呈報地方官署本處概不與聞

一此單填就即寄紹城倉橋下紹興縣修志採訪處

報告人徐長齡　字介臣　現住火珠巷源順莊內

現存
已故嚴蔣氏係世襲雲騎尉嚴穀生妻　如繼妻則加繼字如妾則改妾字如現存者則點去已故二字如已故者則點去現存二字

現住紹興縣舊會稽屬　坊　都　圖　土名王家塔　凡舊屬山陰會稽並註明之

生於前清咸豐弍年弍月拾弍日　凡年分不得塡寫干支如年遠無從查攷月日者不寫亦可

嫁於前清同治玖年拾壹月拾叁日

夫死於前清同治拾叁年捌月拾伍日是年氏弍拾叁歲

守節至民國元年拾弍月拾捌日　年陸拾捌歲　如現存者寫現年歲如已故者寫歿年歲

父誠明　母單氏　住舊山陰屬　坊　都　圖　土名南門外南山頭

翁　存
歿　姑陶氏　存
歿　如存者點去歿字歿者點去存字

子無　出繼子瑞保　孫壹人　[illegible]普高　女壹人

事實循分守節　塡寫下列空行如循分守志無奇異事實者不必作空套語凡事實繁多者另錄粘附

五月十九日到

一查褒揚條例及施行細則凡婦女節烈貞操可以風世者得受褒揚

(一)節婦守節年限自三十歲以前守節至五十歲以後者但年未五十而身故其守節已及六年者同

(二)烈婦烈女凡遇強暴不從致死或羞忿自盡及夫亡殉節者屬之

(三)貞女守貞年限與節婦同其在夫家守貞身故及未符年例而身故者亦屬之

一夫父翁子孫如有官職者並附註之

一已被旌者註明年月不必錄送全案

一本處開辦採訪專備修志收錄凡呈請褒揚等事由子孫親族自行呈報地方官署本處概不與聞

一此單塡就即寄紹城倉橋下紹興縣修志採訪處

報告人尹蕃 字枚生 現住道墟

現存
已故尹姚氏係尹學芝之未婚妻

如繼妻則加繼字如妾則改妾字如現存者則點去已故二字如已故者則點去現存二字

現住紹興縣舊山陰屬迎恩坊 都 圖 土名火珠巷

凡舊屬山陰會稽並註明之

生於嘉慶十三年七月二十日

嫁於道光十二年四月十八日過門守貞

凡年分不得填寫干支如年遠無從查攷月日者不寫亦可

夫死於道光十年十月二十二日是年氏二十三歲

守節至同治八年六月十三日歿年六十二歲

如現存者寫現年歲如已故者寫歿年歲

父姚舜美母趙氏住舊山陰屬 一坊 都一圖 土名昌安門外

翁尹汝瑋存歿 姑姚氏存歿

如存者點去歿字歿者點去存字

繼子一人 孫五人 女 人

事實

塡寫下列空行如循分守志無奇異事實者不必作空套語凡事實緐多者另錄粘附

矢志過門守貞三十八年身故於咸豐十一年呈奉

浙江巡撫部院常奬給匾額

一查褒揚條例及施行細則凡婦女節烈貞操可以風世者得受褒揚

(一)節婦守節年限自三十歲以前守節至五十歲以後者但年未五十而身故其守節已及六年者同

(二)烈婦烈女凡遇強暴不從致死或羞忿自盡及夫亡殉節者屬之

(三)貞女守貞年限與節婦同其在夫家守貞身故及未符年例而身故者亦屬之

一夫父翁子孫如有官職者並附註之

一已被旌者註明年月不必錄送全案

一本處開辦採訪專備修志收錄凡呈請褒揚等事由子孫親族自行呈報地方官署本處概不與聞

一此單塡就郎寄紹城倉橋下紹興縣修志採訪處

報告人尹繼運 字蓮漪 現住西如坊

五月四日交到

現存
已故　尹林氏係尹學周之妻

如繼妻則加繼字如妾則改妾字如現存者則點去已故二字如已故者則點去現存二字

現住紹興縣舊山陰屬　迎恩坊　都　圖　土名火珠巷

凡舊屬山陰會稽並註明之

生於道光五年正月十五日

凡年分不得塡寫干支如年遠無從查攷月日者不寫亦可

嫁於道光二十四年三月十八日

夫死於道光二十九年九月二十二日是年氏二十五歲

守節至光緒十二年十二月初九日歿年六十二歲

如現存者寫現年歲如已故者寫歿年歲

父林東源母邵氏住舊山陰屬　坊　四十六都三圖　土名下方橋

翁尹汝璉存歿　姑李氏存歿

如存者點去歿字如歿者點去存字

子　人　孫　人　女二人

事實

塡寫下列空行如循分守志無奇異事實者不必作空套語凡事實繁多者另錄粘附

矢志守節三十八年身故

紹興縣志採訪稿　二

紹興縣志採訪稿

一查褒揚條例及施行細則凡婦女節烈貞操可以風世者得受褒揚

㈠節婦守節年限自三十歲以前守節至五十歲以後者但年未五十而身故其守節已及六年者同

㈡烈婦烈女凡遇强暴不從致死或羞忿自盡及夫亡殉節者屬之

㈢貞女守貞年限與節婦同其在夫家守貞身故及未符年例而身故者亦屬之

一夫父翁子孫如有官職者並附註之

一已被旌者註明年月不必錄送全案

一本處開辦採訪專備修志收錄凡呈請褒揚等事由子孫親族自行呈報地方官署本處概不與聞

一此單填就即寄紹城倉橋下紹興縣修志採訪處

報告人尹繼運 字蓮漪 現住城區香粉弄

五月四日

現存
已故尹葉氏係尹學壽之妻
如繼妻則加繼字如妾則改妾字如現存者則點去已故二字如已故者則點去現存二字現住紹興縣舊山陰屬　迎恩坊　都　圖　土名火珠巷凡舊屬山陰會稽並註明之
生於道光十六年四月初二日　凡年分不得塡寫干支如年遠無從查考月日者不寫亦可
嫁於咸豐七年十月十五日
夫死於咸豐十一年七月十一日是年氏二十六歲
守節至光緒十三年四月二十七日歿年五十二歲　如現存者寫現年歲如已故者寫歿年歲
父葉行之母王氏住舊會稽屬　坊　都　圖　土名上灶
翁尹汝璋存歿姑姚氏存歿　如存者點去歿字歿者點去存字
子一人　孫　人　女　人
事實　塡寫下列空行如循分守志無奇異事實者不必作空套語凡事實繁多者另錄粘附
矢志守節二十七年身故

一查褒揚條例及施行細則凡婦女節烈貞操可以風世者得受褒揚

(一)節婦守節年限自三十歲以前守節至五十歲以後者但年未五十而身故其守節已及六年者同

(二)烈婦烈女凡遇強暴不從致死或羞忿自盡及夫亡殉節者屬之

(三)貞女守貞年限與節婦同其在夫家守貞身故及未符年例而身故者亦屬之

一夫父翁子孫如有官職者並附註之

一已被旌者註明年月不必錄送全案

一本處開辦採訪專備修志收錄凡呈請褒揚等事由子孫親族自行呈報地方官署本處概不與聞

一此單塡就卽寄紹城倉橋下紹興縣修志採訪處

報告人 尹繼運 字蓮漪 現住城區西如坊

五月四日到

現存已故尹蔣氏係尹學喜之繼妻

如繼妻則加繼字如妾則改妾字如現存者則點去已故二字如已故者則點去現存二字

現住紹興縣舊山陰屬迎恩坊都圖土名火珠巷

凡舊屬山陰會稽並註明之

生於道光二十八年七月二十八日

凡年分不得塡寫干支如年遠無從查攷月日者不寫亦可

嫁於同治十三年八月日

夫死於光緒二年閏五月初五日是年氏二十九歲

守節至光緒九年九月二十九日歿年三十六歲

如現存者寫現年歲如已故者寫歿年歲

父蔣紫垣歿母周氏住舊山陰縣屬十五坊都四圖土名東魯墟

翁尹汝璉璋存歿姑姚李氏存歿

如存者點去歿字歿者點去存字

子二人　孫六人　女三人

事實

塡寫下列空行如循分守志無奇異事實者不必作空套語凡事實緐多者另錄粘附

矢志守節在六年以上身故於光緒拾年經同鄉京官周福清等呈請

紹興縣志採訪稿

旌表

一查褒揚條例及施行細則凡婦女節烈貞操可以風世者得受褒揚

(一)節婦守節年限自三十歲以前守節至五十歲以後者但年未五十而身故其守節已及六年者同

(二)烈婦烈女凡遇强暴不從致死或羞忿自盡及夫亡殉節者屬之

(三)貞女守貞年限與節婦同其在夫家守貞身故及未符年例而身故者亦屬之

一夫父翁子孫如有官職者並附註之

一已被旌者註明年月不必録送全案

一本處開辦採訪專備修志收録凡呈請褒揚等事由子孫親族自行呈報地方官署本處概不與聞

一此單填就卽寄紹城倉橋下紹興縣修志採訪處

報告人尹繼運 字蓮漪 現住城區西如坊

王月習交

現存已故裘氏氏係沈學良妻　如繼妻則加繼字如妾則改妾字如現存者則點去已故二字如已故者則點去現存二字

現住紹興縣舊會稽屬朝東坊都　圖　土名吳山庄　凡舊屬山陰會稽並註明之

生於嘉慶二十二年七月二十六日　凡年分不得塡寫干支如年遠無從查攷月日者不寫亦可

嫁於道光十九年　月　日

夫死於道光二十六年九月三十日是年氏三十歲

守節至光緒七年正月十五日歿年氏六十五歲　如現存者寫現年歲如已故者寫歿年歲

父裘兆恒母王氏住舊紹興會稽屬稽東鄉坊都　圖　土名裘村

翁沈克修存歿　姑鄭氏存歿　如存者點去歿字歿者點去存字

子一人爾昌　孫　人　女二人

事實循分守志　塡寫下列空行如循分守志無奇異事實者不必作空套語凡事實繁多者另錄粘附

紹興縣志採訪稿

一查褒揚條例及施行細則凡婦女節烈貞操可以風世者得受褒揚

(一)節婦守節年限自三十歲以前守節至五十歲以後者但年未五十而身故其守節已及六年者同

(二)烈婦烈女凡遇强暴不從致死或羞忿自盡及夫亡殉節者屬之

(三)貞女守貞年限與節婦同其在夫家守貞身故及未符年例而身故者亦屬之

一夫父翁子孫如有官職者並附註之

一已被旌者註明年月不必錄送全案

一本處開辦採訪專備修志收錄凡呈請褒揚等事由子孫親族自行呈報地方官署本處概不與聞

一此單塡就卽寄紹城倉橋下紹興縣修志採訪處

報告人 繼子沈爾昌 字伯允 現住朝東坊

特王子佺君來 月日知

現存已故 徐 氏係沈學正之妻

如繼妻則加繼字如妾則改妾字如現存者則點去已故二字如已故者則點去現存二字

現住紹興縣舊會稽屬 朝東坊 都 圖 土名 吳山庄

凡舊屬山陰會稽並註明之

生於道光二十二年三月十六日

凡年分不得塡寫干支如年遠無從查攷月日者不寫亦可

嫁於咸豐十一年 月 日

夫死於 年 月 日是年氏 歲

殉節同治元 年七月初一日殉年氏二十一歲

如現存者寫現年歲如已故者寫歿年歲

父徐世坤母楊氏住舊會稽屬稽東鄉 坊 都 圖 土名沙灘

翁沈克修存歿 姑潘氏存歿

如存者點去歿字 歿者點去存字

子未光人 孫 人 女 人

事實

塡寫下列空行如循分守志無奇異事實者不必作空套語凡事實繁多者另錄粘附

洪楊時氏與夫隨母族避难於包村同治元年七月初一日破而氏殉焉將破時氏已服毒而双目已瞽

紹興縣志採訪稿

一查褒揚條例及施行細則凡婦女節烈貞操可以風世者得受褒揚

(一)節婦守節年限自三十歲以前守節至五十歲以後者但年未五十而身故其守節已及六年者同

(二)烈婦烈女凡遇強暴不從致死或羞忿自盡及夫亡殉節者屬之

(三)貞女守貞年限與節婦同其在夫家守貞身故及未符年例而身故者亦屬之

一夫父翁子孫如有官職者並附註之

一已被旌者註明年月不必錄送全案

一本處開辦採訪專備修志收錄凡呈請褒揚等事由子孫親族自行呈報地方官署本處概不與聞

一此單塡就卽寄紹城倉橋下紹興縣修志採訪處

報告人 後嗣沈昌言 字柏雲 現住朝東坊

紹興縣志採訪稿

現存已故 沈 氏係裘月齋之妻　如繼妻則加繼字如妾則改妾字如現存者則點去已故二字如已故者則點去現存二字

現住紹興縣舊會稽屬下望坊都 圖 土名孝義街　凡舊屬山陰會稽並註明之

生於光緒二年十二月初十日　凡年分不得填寫干支如年遠無從查攷月日者不寫亦可

嫁於光緒二十二年九月十三日

夫死於光緒二十四年五月初四日是年氏二十六歲

守節至民國五年九月初三日歿年氏四十一歲　如現存者寫現年歲如已故者寫歿年歲

父沈學正母鈕氏住舊會稽屬朝東坊都 圖 土名吳山板橋

翁裘汎生存歿 姑秦氏存歿　如存者點去歿字歿者點去存字

子一人興　孫一人家鈺　女　人

事實循分守志　填寫下列空行如循分守志無奇異事實者不必作空套語凡事實繁多者另錄粘附

駱王子維君采 月 日呈

一查褒揚條例及施行細則凡婦女節烈貞操可以風世者得受褒揚

(一)節婦守節年限自三十歲以前守節至五十歲以後者但年未五十而身故其守節已及六年者同

(二)烈婦烈女凡遇強暴不從致死或羞忿自盡及夫亡殉節者屬之

(三)貞女守貞年限與節婦同其在夫家守貞身故及未符年例而身故者亦屬之

一夫父翁子孫如有官職者並附註之

一已被旌者註明年月不必錄送全案

一本處開辦採訪專備修志收錄凡呈請褒揚等事由子孫親族自行呈報地方官署本處概不與聞

一此單填就即寄紹城倉橋下紹興縣修志採訪處

報告人 [illegible]沈昌言 字柏雲 現住朝東坊

現存已故趙李氏係趙郁庭繼妻　如繼妻則加繼字如妾則改妾字如現存者則點去已故二字如已故者則點去現存二字

現住紹興縣舊山陰屬迎恩坊念五都弍圖土名趙家畈　凡舊屬山陰會稽並註明之

生於咸豐八年四月初四日　凡年分不得塡寫干支如年遠無從查攷月日者不寫亦可

嫁於光緒七年　月　日

夫死於光緒十一年七月十四日是年氏二十八歲

守節至現　年　月　日現年六十歲　如現存者寫現年歲如已故者寫歿年歲

父李永德母邵氏住舊山陰屬迎恩坊念四都三圖土名蔣家池

翁趙[illegible]存殁姑[illegible]氏存殁　如存者點去殁字殁者點去存字

繼子泰生　繼孫一人　女　人

事實　録紙附呈　塡寫下列空行如循分守志無奇異事實者不必作空套語凡事實繁多者另錄粘附

至元原稿分類存錄十二月廿日

紹興縣志採訪稿

一查褒揚條例及施行細則凡婦女節烈貞操可以風世者得受褒揚

(一)節婦守節年限自三十歲以前守節至五十歲以後者但年未五十而身故其守節已及六年者同

(二)烈婦烈女凡遇强暴不從致死或羞忿自盡及夫亡殉節者屬之

(三)貞女守貞年限與節婦同其在夫家守貞身故及未符年例而身故者亦屬之

一夫父翁子孫如有官職者並附註之

一已被旌者註明年月不必錄送全案

一本處開辦採訪專備修志收錄凡呈請褒揚等事由子孫親族自行呈報地方官署本處概不與聞

一此單塡就卽寄紹城倉橋下紹興縣修志採訪處

報告人 李大株 字仲滋 現住紹縣城區太清里

現存 已故 陳傅氏係陳兆年 心田之 維楨 妻　如繼妻則加繼字如妾則改妾字如現存者則點去已故二字如已故者則點去現存二字

現住紹興縣舊山陰屬　羅家都　卯圖　土名羅家莊　凡舊屬山陰會稽並註明之

生於同治丙寅年八月初弍日　凡年分不得塡寫干支如年遠無從查攷月日者不寫亦可

嫁於光緒乙酉年十月初八日

夫死於光緒丁亥年九月朔日是年氏二十二歲

守節至民國丁巳年十二月終現歿年五十二歲　如現存者寫現年歲如已故者寫歿年歲

父傅紹賢　母章氏　住舊山陰屬　羅家樹都　圖　土名羅家莊

翁陳大剛 存 歿　姑王氏 存 歿　如存者點去歿字歿者點去存字

子一人陳雨儂字汝霖 歿 人　女無人

事實　含淚慰祖姑及婆心矢志完貞全孝　塡寫下列空行如循分守志無奇異事實者不必作空套語凡事實繁多者另錄粘附

夫陳維楨冊名陳兆年清會稽縣學附貢生其子雨儂字汝霖安

紹興縣志採訪稿

徽潁州府幕不幸亦同父年二十二歲而卒矣傅氏胞兄星伯翊庭均憲幕弟怡庭鐵路材料科科員獨星伯歿餘均存

一查褒揚條例及施行細則凡婦女節烈貞操可以風世者得受褒揚

(一)節婦守節年限自三十歲以前守節至五十歲以後者但年未五十而身故其守節已及六年者同

(二)烈婦烈女凡遇強暴不從致死或羞忿自盡及夫亡殉節者屬之

(三)貞女守貞年限與節婦同其在夫家守貞身故及未符年例而身故者亦屬之

一夫父翁子孫如有官職者並附註之

一已被旌者註明年月不必錄送全案

一本處開辦採訪專備修志收錄凡呈請褒揚等事由子孫親族自行呈報地方官署本處概不與聞

一此單填就即寄紹城倉橋下紹興縣修志採訪處

報告人陳壽鼎　字慎齋　現住城區西如坊古貢院前

已於前清宣統元年請旌在案

現存／已故節婦胡氏係國學生趙嘉楨妻

如繼妻則加繼字如妾則改妾字如現存者則點去已故二字如已故者則點去現存二字

現住紹興縣舊山陰屬　坊　四十六都一圖　土名安昌鎮

凡舊屬山陰會稽並註明之

生於道光二十九年十二月初十日

凡年分不得塡寫干支如年遠無從查攷月日者不寫亦可

嫁於同治九年十二月　日

夫死於光緒三年八月初二日是年氏二十九歲

守節至光緒十八年正月二十三日歿年四十四歲

如現存者寫現年歲如已故者寫歿年歲

父修職郎胡裕忠　母朱氏住舊山陰屬　坊　四十六都一圖　土名安昌鎮

翁登仕郎趙蕙存歿　姑何王章氏存歿

如存者點去歿字歿者點去存字

子一人趙融　孫七人浚　芽　炎　康（師範最優等）　錯　稧　典　女　人

事實

塡寫下列空行如志無奇異事實者不必作空套語凡事實縣多者另錄粘附

一查褒揚條例及施行細則凡婦女節烈貞操可以風世者得受褒揚
(一)節婦守節年限自三十歲以前守節至五十歲以後者但年未五十而身故其守節已及六年者同
(二)烈婦烈女凡遇强暴不從致死或羞忿自盡及夫亡殉節者屬之
(三)貞女守貞年限與節婦同其在夫家守貞身故及未符年例而身故者亦屬之
一夫父翁子孫如有官職者並附註之
一已破旌者註明年月不必錄送全案
一本處開辦採訪專備修志收錄凡呈請褒揚等事由子孫親族自行呈報地方官署本處概不與聞
一此單塡就卽寄紹城倉橋下紹興縣修志採訪處

報告人　　字
現住

二月晉香松吾尹家驗來

現存
已故尹俞氏係前清國學生尹學垕之妻　如繼妻則加繼字如妾則改妾字如現存者則點去已故二字如已故者則點去現存二字

現住紹興縣舊山陰屬迎恩坊　都　圖　土名板橋下　凡舊屬山陰會稽並註明之

生於道光十六年三月二十九日　凡年分不得塡寫干支如年遠無從查攷月日者不寫亦可

嫁於咸豐六年九月二十九日

夫死於咸豐十年十月十四日是年氏二十五歲

守節至民國七年二月　日現年八十三歲　如現存者寫現年歲如已故者寫歿年歲

父俞念師母王氏住舊會稽屬東皋鎮　都　圖　土名東堡

翁尹雪舟存歿　姑潘氏存歿　如存者點去歿字歿者點去存字

子一人　孫一人　女無人

事實　塡寫下列空行如循分守志無奇異事實者不必作空套語凡事實繁多者另錄粘附

矢志守節迄茲五十九年

紹興縣志採訪稿

一查褒揚條例及施行細則凡婦女節烈貞操可以風世者得受褒揚

(一)節婦守節年限自三十歲以前守節至五十歲以後者但年未五十而身故其守節已及六年者同

(二)烈婦烈女凡遇强暴不從致死或羞忿自盡及夫亡殉節者屬之

(三)貞女守貞年限與節婦同其在夫家守貞身故及未符年例而身故者亦屬之

一夫父翁子孫如有官職者並附註之

一已被旌者註明年月不必録送全案

一本處開辦採訪專備修志收録凡呈請褒揚等事由子孫親族自行呈報地方官署本處概不與聞

一此單塡就卽寄紹城倉橋下紹興縣修志採訪處

報告人　尹灝　字澤畬

住大珠巷板橋下

一百若者[illegible]尹家發來

現存/已故 尹顧氏係尹繼增之妻　如繼妻則加繼字如妾則改妾字如現存者則點去已故二字如已故者則點去現存二字

現住紹興縣舊山陰屬 廿七都 坊 六圖 土名鍾堰頭　凡舊屬山陰會稽並註明之

生於道光元年十二月二十日　凡年分不得塡寫干支如年遠無從查攷月日者不寫亦可

嫁於道光十九年九月 日

夫死於道光二十九年六月十三日是年氏二十九歲

守節至光緒三十年七月 日歿年八十八歲　如現存者寫現年歲如已故者寫歿年歲

父顧相臣母王氏住舊山陰屬 廿七都 坊 四圖 土名金鷄塘

翁尹世衢 存/歿 姑陳氏 存/歿　如存者點去歿字歿者點去存字

子一人　孫五人　女 人

事實　塡寫下列空行如循分守志無奇異事實者不必作空套語凡事實繁多者另錄粘附

矢志守節六十年身故

紹興縣志採訪稿

一查褒揚條例及施行細則凡婦女節烈貞操可以風世者得受褒揚

(一)節婦守節年限自三十歲以前守節至五十歲以後者但年未五十而身故其守節已及六年者同

(二)烈婦烈女凡遇强暴不從致死或羞忿自盡及夫亡殉節者屬之

(三)貞女守貞年限與節婦同其在夫家守貞身故及未符年例而身故者亦屬之

一夫父翁子孫如有官職者並附註之

一已被旌者註明年月不必錄送全案

一本處開辦採訪專備修志收錄凡呈請褒揚等事由子孫親族自行呈報地方官署本處概不與聞

一此單填就即寄紹城倉橋下紹興縣修志採訪處

報告人尹繼運　字蓮漪　現住西如坊

二月廿日香粉弄尹家臨來

現存
已故
尹朱氏係尹汝琇之妻

如繼妻則加繼字如妾則改妾字如現存者則點去已故二字如已故者則點去現存二字

現住紹興縣舊山陰屬迎恩坊　都　圖　土名火珠巷

凡舊屬山陰會稽並註明之

生於道光元年三月十六日

凡年分不得塡寫干支如年遠無從查攷月日者不寫亦可

嫁於道光元年三月　日

夫死於道光七年正月二十一日是年氏二十四歲

守節至道光十七年九月初九日歿年三十四歲

如現存者寫現年歲如已故者寫歿年歲

父朱尚庭母陳氏住舊會稽屬東陶坊　都　圖　土名木蓮巷口

翁尹建松存歿　姑沈氏存歿

如存者點去歿字歿者點去存字

子一人　孫一人　女二人

事實

塡寫下列空行如循分守志無奇異事實者不必作空套語凡事實繁多者另錄粘附

矢志守節十一年身故

一查褒揚條例及施行細則凡婦女節烈貞操可以風世者得受褒揚

(一)節婦守節年限自三十歲以前守節至五十歲以後者但年未五十而身故其守節已及六年者同

(二)烈婦烈女凡遇强暴不從致死或羞忿自盡及夫亡殉節者屬之

(三)貞女守貞年限與節婦同其在夫家守貞身故及未符年例而身故者亦屬之

一夫父翁子孫如有官職者並附註之

一已被旌者註明年月不必錄送全案

一本處開辦採訪專備修志收錄凡呈請褒揚等事由子孫親族自行呈報地方官署本處概不與聞

一此單塡就即寄紹城倉橋下紹興縣修志採訪處

報告人尹繼運 字蓮漪 現住西如坊

二月廿七日奉物吾尹家臨來

現存（已故）黄任氏係黄庭燿之妻　如繼妻則加繼字如妾則改妾字如現存者則點去已故二字如已故者則點去現存二字

現住紹興縣舊山陰屬迎恩鄉都坊　圖　土名南溇底　凡舊屬山陰會稽並註明之

生於道光四年八月二十二日　凡年分不得塡寫干支如年遠無從查攷月日者不寫亦可

嫁於道光二十三年十二月　日

夫死於道光二十九年四月十五日是年氏二十六歲

守節至光緒三十一年二月十七日歿年八十三歲　如現存者寫現年歲如已故者寫歿年歲

父任永蓮母程氏住舊會稽屬東大坊都　圖　土名小保佑橋

翁黄世禄存歿　姑金氏存歿　如存者點去歿字歿者點去存字

子一人　孫一人　女一人

事實　塡寫下列空行如循分守志無奇異事實者不必作空套語凡事實繁多者另錄粘附

該節婦於咸豐十一年避難遷居江西武寧縣由戚員尹繼運

於光緒元年十一月呈請　前江西巡撫部院劉彙請　旌表

上年檢案送請浙江省志局載入省志

一查褒揚條例及施行細則凡婦女節烈貞操可以風世者得受褒揚

(一)節婦守節年限自三十歲以前守節至五十歲以後者但年未五十而身故其守節已及六年者同

(二)烈婦烈女凡遇强暴不從致死或羞忿自盡及夫亡殉節者屬之

(三)貞女守貞年限與節婦同其在夫家守貞身故及未符年例而身故者亦屬之

一夫父翁子孫如有官職者並附註之

一已被旌者註明年月不必錄送全案

一本處開辦採訪專備修志收錄凡呈請褒揚等事由子孫親族自行呈報地方官署本處概不與聞

一此單塡就卽寄紹城倉橋下紹興縣修志採訪處

報告人任光蘭　字春洲　現住東大坊

現存已故黄、梁氏係黄、建中即廣彩繼妻
如繼妻則加繼字如妾則改妾字如現存者則點去已故二字如已故者則點去現存二字

現住紹興縣舊山陰屬迎恩鄉坊都　圖　土名南湊底
凡舊屬山陰會稽並註明之

生於咸豐七年十一月初六日
凡年分不得塡寫干支如年遠無從查攷月日者不寫亦可

嫁於光緒九年九月初八日

夫死於光緒十一年正月二十五日是年氏二十九歲

守節至民國七年二月　日現年六十二歲
如現存者寫現年歲如已故者寫歿年歲

父梁荇嘗母秋氏住舊會稽屬東陶坊都　圖　土名都昌坊

翁黄庭耀存歿　姑任氏存歿
如存者點去歿字歿者點去存字

子一人　孫一人　女二人

事實
塡寫下列空行如循分守志無奇異事實者不必作空套語凡事實繁多者另錄粘附

矢志守節現已三十四年

二月廿日香務所[illegible]發來

紹興縣志採訪稿

一查褒揚條例及施行細則凡婦女節烈貞操可以風世者得受褒揚

(一)節婦守節年限自三十歲以前守節至五十歲以後者但年未五十而身故其守節已及六年者屬

(二)烈婦烈女凡遇强暴不從致死或羞忿自盡及夫亡殉節者屬之

(三)貞女守貞年限與節婦同其在夫家守貞身故及未符年例而身故者亦屬之

一夫父翁子孫如有官職者並附註之

一已被旌者註明年月不必錄送全案

一本處開辦採訪專備修志收錄凡呈請褒揚等事由子孫親族自行呈報地方官署本處概不與聞

一此單填就即寄紹城倉橋下紹興縣修志採訪處

報告人任光蘭　字春洲　現住東大坊

國學生候選知縣

七年三月九日寄到

現存
已故　章楊氏係　章光藩妻

如繼妻則加繼字如妾則改妾字如[illegible]
點去已故二字如已故者則點去現存二字

現住紹興縣舊會稽屬　坊　都　圖　土名　道墟村

凡舊屬山陰會稽並註明之

生於道光二十二壬寅年十月二十四日

凡年分不得填寫干支如年遠無從查攷月日者不寫亦可

嫁於同治元年閏八月十一日

夫死於同治十年正月初六日是年氏三十歲

守節至民國七年即戊午年　日現年七十七歲

如現存者寫現年歲
如已故者寫歿年歲

父鵬舯　廩貢生　母王氏住舊山陰屬　坊　都　圖　土名

翁傳　邑庠生　存歿　姑王氏　存歿

如存者點去歿字
歿者點去存字

子二人翔　翰　京師警察廳警正　孫五人岑　臻　康　麟　禹　女　人

事實

塡寫下列空行如循分守志無奇異事實者
不必作空套語凡事實繁多者另錄粘附

一查褒揚條例及施行細則凡婦女節烈貞操可以風世者得受褒揚

(一)節婦守節年限自三十歲以前守節至五十歲以後者但年未五十而身故其守節已及六年者同

(二)烈婦烈女凡遇强暴不從致死或羞忿自盡及夫亡殉節者屬之

(三)貞女守貞年限與節婦同其在夫家守貞身故及未符年例而身故者亦屬之

一夫父翁子孫如有官職者並附註之

一已被旌者註明年月不必録送全案

一本處開辦採訪專備修志收録凡呈請褒揚等事由子孫親族自行呈報地方官署本處概不與聞

一此單塡就即寄紹城倉橋下紹興縣修志採訪處

報告人　章翰　字繼翹

現住北京崇文門外平樂園大街

七年三月十四宋振祥送來

現存
已故　宋董氏係宋肯堂公妻

如繼妻則加繼字如妾則改妾字如現存者則點去已故二字如已故者則點去現存二字

現住紹興縣舊會稽屬　廿一都　坊　二圖　土名寺山

凡舊屬山陰會稽並註明之

生於同治四年十一月二十日

凡年分不得填寫干支如年遠無從查攷月日者不寫亦可

嫁於光緒拾叁年　月　日

夫死於光緒二十年十月二十三日是年氏三十歲

守節至　年　月　日現年五十四歲

如現存者寫現年歲如已故者寫歿年歲

父董守清母黄氏住舊會稽屬　廿一都　坊　二圖　土名寺山

翁宋尚志存歿　姑董氏存歿

如存者點去歿字歿者點去存字

子一人宋縧湯紹興地方檢察廳書記官　孫二人　女　人

事實

填寫下列空行如循分守志無奇異事實者不必作空套語凡事實繁多者另録粘附

一查褒揚條例及施行細則凡婦女節烈貞操可以風世者得受褒揚

(一)節婦守節年限自三十歲以前守節至五十歲以後者但年未五十而身故其守節已及六年者同

(二)烈婦烈女凡遇強暴不從致死或羞忿自盡及夫亡殉節者屬之

(三)貞女守貞年限與節婦同其在夫家守貞身故及未符年例而身故者亦屬之

一夫父翁子孫如有官職者並附註之

一已被旌者註明年月不必錄送全案

一本處開辦採訪專備修志收錄凡呈請褒揚等事由子孫親族自行呈報地方官署本處概不與聞

一此單塡就卽寄紹城倉橋下紹興縣修志採訪處

報告人宋玉清 字禎祥

現住安仁鄉太平里

現存／已故宋蔡氏係宋維周公妻

現住紹興縣舊會稽屬二十二都　坊三圖土名太平里

如繼妻則加繼字如妾則改妾字如現存者則點去已故二字如已故者則點去現存二字

凡舊屬山陰會稽並註明之

生於咸豐八年六月十一日

凡年分不得填寫干支如年遠無從查攷月日者不寫亦可

嫁於光緒五年九月廿一日

夫死於光緒七年六月初九日是年氏二十四歲

守節至　年　月　日現年六十歲

如現存者寫現年歲如已故者寫歿年歲

父蔡大仁母鄭氏住舊嵊縣屬五十六都　坊　圖土名顯潭

翁宋涵坤存歿　姑蔡氏存歿

如存者點去歿字歿者點去存字

子一人宋汝楨優附生　孫二人　女　人

事實

填寫下列空行如循分守志無奇異事實者不必作空套語凡事實繁多者另錄粘附

十年三月十四日宋振祥具來

查褒揚條例及施行細則凡婦女節烈貞操可以風世者得受褒揚

(一)節婦守節年限自三十歲以前守節至五十歲以後者但年未五十而身故其守節已及六年者同

(二)烈婦烈女凡遇强暴不從致死或羞忿自盡及夫亡殉節者屬之

(三)貞女守貞年限與節婦同其在夫家守貞身故及未符年例而身故者亦屬之

一夫父翁子孫如有官職者並附註之

一已被旌者註明年月不必錄送全案

一本處開辦採訪專備修志收錄凡呈請褒揚等事由子孫親族自行呈報地方官署本處概不與聞

一此單填就卽寄紹城倉橋下紹興縣修志採訪處

報告人宋玉清　字禎祥　現住安仁鄉太平里

七年四月一日來

現存/已故 景 氏係 甘元廣 妻

如繼妻則加繼字如妾則改妾字如現存者則點去已故二字如已故者則點去現存二字

現住紹興縣舊會稽哨唫鄉屬 十一 坊 都 三 圖 土名 屯頭村

凡舊屬山陰會稽並註明之

生於同治叁年拾月拾六日

凡年分不得塡寫干支如年遠無從查攷月日者不寫亦可

嫁於光緒八年二月二十日

夫死於光緒三十三年十一月二十日是年氏念叁歲

守節至民國七年 月 日 現年五十五歲

如現存者寫現年歲 如已故者寫歿年歲

父景丙乾 母陳氏 住舊會稽道墟鄉屬 十三 坊 都 一 圖 土名 瀝水村

如存者點去歿字 歿者點去存字

翁甘文乾 存歿 姑孫氏 存歿

○人 ○ 孫○人 ○ 女○人

事實

塡寫下列空行如循分守志無奇異事實者不必作空套語凡事實繁多者另錄粘附

紹興縣志採訪稿

凡例及施行細則凡婦女節烈貞操可以風世者得受褒揚

(一)節婦守節年限自三十歲以前守節至五十歲以後者但年未五十而身故其守節已及六年者同

(二)烈婦烈女凡遇强暴不從致死或羞忿自盡及夫亡殉節者屬之

(三)貞女守貞年限與節婦同其在夫家守貞身故及未符年例而身故者亦屬之

一夫父翁子孫如有官職者並附註之

一已被旌者註明年月不必録送全案

一本處開辦採訪專備修志收録凡呈請褒揚等事由子孫親族自行呈報地方官署本處概不與聞

一此單填就即寄紹城倉橋下紹興縣修志採訪處

報告人甘五臣 字霖 現住嘯唫鄉屯頭村

現存已故節婦徐馮氏係商民徐潤堂妻　如繼妻則加繼字如妾則改妾字如現存者則點去已故二字如已故者則點去現存二字

現住紹興縣舊山陰屬萬安坊都新河衖圖士名後試衖　凡舊屬山陰會稽並註明之

生於道光二十七年二月二十五日　凡年分不得塡寫干支如年遠無從查攷月日者不寫亦可

嫁於同治十年四月初五日

夫死於同治十三年六月十九日是年氏二十八歲

守節至中華民國年十三月三十一日現年七十一歲　如現存者寫現年歲如已故者寫歿年歲

[illegible]母高氏住舊山陰屬坊都圖士名王家山下　如存者點去歿字歿者點去存字

[illegible]保存歿姑何氏存歿

子人孫人女人

塡寫下列空行如循分守志無奇異事實者不必作空套語凡事實繁多者另錄粘附

[illegible]施行細則凡婦女節烈貞操可以風世者得受褒揚

(一)節婦守節年限自三十歲以前守節至五十歲以後者但年未五十而身故其守節已及六年者同

[illegible]強暴不從致死或羞忿自盡及夫亡殉節者屬之

(二)烈婦

(三)[illegible]其年限與節婦同其在夫家守貞身故及未符年例而身故者亦屬之

夫父翁子孫如有官職者並附註之

一已被旌者祗註明年月不必錄送全案

一本處開辦採訪專備修志收錄凡呈請褒揚等事由子孫親族自行呈報地方官署本處概不與聞

一此單塡就卽寄紹城倉橋下紹興縣修志採訪處

報告人　　字
現住

田賦一

目録　田賦

徵輸定則原序
徵輸定則原跋
左宗棠同治三年核减紹屬浮收錢粮摺
左爵憲紹屬錢粮碑碣
光緒二十九年等年先後稟請嚴禁山會兩縣錢粮浮收加價紳士題名
光緒二十九年十一月胡紳壽恒等稟紹興府並山會兩縣請禁錢粮浮收加價第一稟
請禁錢粮浮收加價第二稟
請禁錢粮浮收加價第三稟

稟請藩憲頒發告示第四稟

藩憲嚴禁山會兩縣錢粮浮收加價頒示

推收定案

紹興府詳覆山會兩縣莊書推收費錢章程請示遵行由

浙江省山陰縣徵收田賦科則統計分表

調查紹興縣田賦征收時期及其他事項表

稟陳抽收塘捐

隨粮帶收積穀塘工捐之詳文

抽收租捐充作修塘經費

咨復知事征收正稅年度採用習慣文

征收元年下忙地丁議定書

咨復知事完粮由單呈請轉請免用文
咨審核小銀元銅元議價並非不遵定章揭明理由書
隨粮帶收徵濟荒特捐並附捐城鎮鄉自治經費暨塘閘費咨
縣執行文
咨復知事諮詢剔除荒丁絶戶辦法文
上中天樂鄉准予免捐塘閘費咨縣查案辦理文
小塘曹蒿等捐仍照舊章收取規定捐率咨縣執行文
登記所仍行開辦
兩浙鹽務調查録序
兩浙鹽務調查録
兩浙鹽事場所局卡一覽表

兩浙塩場界域區分表

兩浙銷塩各地一覽表

兩浙綱塩肩住塩斤定額表

兩浙肩塩引數課額一覽表

杭嘉湖紹肩住各地徵稅一覽表

紹蕭肩塩課稅官商分收款目按月比較表

浙東肩塩煎灶調查表

第十六表說明

浙東肩塩完課額數調查表

浙東肩塩造數調查表

第三十五表說明

紹屬各場綱鹽發配總數比較表

紹屬各場運銷各地引數最近調查表

紹屬南沙厫收私情形調查表

紹局收解浙東綱課總數按月統計表

浙東紹局收解肩課數目按月統計表

浙東紹局收解加價數目按月統計表

紹局經收住課數目統計表

浙東紹屬六場配鹽一覽表

紹屬各場團灶最近調查表一

紹屬各場團灶最近調查表二

紹屬各場團灶最近調查表三

紹屬煎塩手續區分表

候補知縣山陰王慶勳上增中丞論沙地改田事宜書

桑觀察稟陳沙田築堤並修補海塘之撫批

籌辦清丈山會蕭三縣塘外沙田條説

調查沙地情形説帖

上桑觀察沙地築堤意見書

調查紹屬沙地先將山陰餘姚兩縣試辦情形事

派委丈勘蕭山南沙沙地

藩憲顔方伯委候補知府周志靖勘丈蕭山縣南沙田畝札文

關於南沙沙地案之電文及辦法

又有人控追朱茂林案内之沙地矣

關於爭奪沙地案之藩批
詳請豁免沙地之租課
禀請豁免沙租之撫批
委查清丈沙地之詳情
請紹屬沙地之移文
關於南沙沙地之府批
請墾沙地
禀請開荒
禀請開荒之道批
禀呈貢茶
禀請財政綱要之撫批

紹興縣志資料

紹興府山陰縣調查城鄉戶口一覽表

紹興府會稽縣城鄉戶口一覽表

徵輸定則原序

溯自同治三年左文襄公以閩督署浙撫查紹府各屬銀米征數最多積弊甚重民力以殫由是核實裁减定章入奏並示諭各屬使胥吏不得浮收民户不苦偏重而又憲法久弊生准地方勒碑永為定制迄今垂三十餘年除新昌已經勒石蕭山鐫碑備前無所更改外其餘各縣因未立石民間未及周知仍被書吏朦混舞弄而山會兩縣櫃上征銀已多浮勒至於南米一端尤屬變本而加厲逐漸而進增獨紳户得免浮勒其在小户 國家所体恤者胥吏知其不敢相抗愈得而苛抑之夫以 天庾之正供經大臣删除浮費定則在前其立法防弊何等森嚴而書吏胆敢顯然違背有恃無恐大抵官少清廉同需好處紳多緘默自便私圖上行

二於若輩遂得藉口以售其奸蠹之計也嗟〻閭閻之脂膏剥削殆盡矣怨毒之中人亦已甚矣諺所謂久蟄思啟久悶思嚏一旦連鄉闔族羣起而哀告左公之祠馨香禱祝默佑黎民今日之事我爲政上控　憲台　憲台其許我哉反此鬱而未發所願官紳捫心清夜除襲故蹈常之習作補偏救弊之謀俾書吏奉公守法勿至再逞狼貪是地方之福也亦即送奏示等稿者之望也光緒二十七年正月元旦指化道人序於救苦洞

徵輸定則原跋

山邑南米查向章每年解杭府有零戶米二千一百六十六石每石計價銀一兩六錢銀照市價上兑又有各營兵米三千零六十六石購辦本色米給放或仍照市折價其餘解價悉以銀二兩六錢核算由米房包征包解即照同治三年左文襄公定章無論紳民一律折收每石錢五千文本有餘款除辦公開銷外該書吏未始無利益可沾也詎各米書不遵憲典任意加增民戶每石折收大錢六千四百文又加每張票錢二十八文歷年愈久積弊愈深極之於今每石竟增至七千二百文外加補數錢一百四十文洋銀較市短折惟票錢自光緒二十三年蒙各當道嚴札革除若輩陽奉陰違每張減收錢十四文藉為辛工費獨紳戶不被浮勒而

[illegible]錢亦得免焉如花户有遲至隔年完者在

國家体恤民艱仍許照章完納不加分文而米房創為陳南米名目每石折收大錢八千二百文外加補數錢一百七十文若遇端節不完米房即將串票發交各花差下鄉催收名曰墊票各花差視為利藪其價更相倍蓰每升折收大錢一百五六十文至二百四五十文不等又有酒飯費差費等名目總在飽其欲壑而後已各花差既獲厚利於米房有房費節敬各鄉土產送物種種餽遺不一而足是以各米書皆家致鉅富謗呼米房為聚寶盆也至充當米書向有缺底輾轉私售不由官擇名入卯簿者八人為大東翁稱為八俊其中隐名股東不下數十人亦各積家資而附為八俊者更無論矣嗟彼蚩蚩終歲勤動希冀 國課早完餘以餬口

何堪供若輩多端索詐豈
朝厚澤深仁將盡敗於猾吏奸胥之手乎夫以為民上者堂廉遠
隔無由呼父母而告之耳藉此以達民隱也可

左宗棠同治三年核减紹屬浮收錢粮摺

太子少保兵部尚書閩浙總督署理巡撫事臣左宗棠跪奏爲核减紹屬浮收錢粮恭叩 天恩仰祈 聖鑒事竊浙東各屬地丁南米經臣上年奏明應一律核减並將温州府屬先行减定在案茲查浙東八府錢粮征數以紹興爲最多浮收之弊亦以紹興爲尤甚山陰會稽蕭山諸縣完納錢粮向有紳户民户之分每正耗一兩紳户僅完一兩六分至一兩三四錢而止民户則有完至二千八九百文或三四千文者以國家維正之供而有紳民重輕之别以閭閻奉公之款徒爲吏胥中飽之資官司以賠贉爲苦民户以偏重爲苦若不明定章程删除浮費弊累日甚其何以堪[illegible]論治以經界不正井地不均穀祿不平爲深憂者此也臣於

乃於定溫屬地漕後即飭委調來浙差遣候選知府戶部郎中顧菊生前赴紹興會同該管道府將歷年官征民納實數及向來流攤各款逐細清查分別裁減茲據顧菊生等稟稱紹屬八縣六場正雜錢糧有照銀〔錢〕數完納殊與定例有乖現擬統照銀數征解其一切攤捐名目及道府各屬陋規概行禁革並擬於正耗錢糧之外仍視各縣舊征多寡每兩酌留平餘以為各該縣場辦公之用開送征解留用數目清冊前來臣細加覆核除正耗仍照常征解外紹屬八縣額征地漕等款並蕭山公租灶課課銀五十四萬三千四百七十四兩零除新昌一縣征數業經勒石毋庸議改外其餘七縣共寔減去錢二十萬五千一百六千文南米額征本色米七千餘石折色米一萬五千二百六十七石零減去本色耗米

三百六十一石減折色耗米錢一萬二千另七十二文大場灶課額征銀一萬四千三百八十九兩又蕭山妝祖額征錢一萬三千九百十六千文實減去錢四千二百四十二千文計共減去錢二十二萬一千四百二十千文米三百餘石但能永遠遵守大小户一律完納以十年之數通計之民間即可多留二百餘萬千之錢三千餘石米矣既無須損上以益下民力自見其有餘亦無須裒多以益寡貧户不憂其不足官之征收有定章則上下之交肅民之完納有定數則胥吏之弊除此次定章之後旦當飭令各屬一体勒石遵守如有官吏陽奉陰違於定章之外添設名目多取分文者定即立予撤參如大小户不遵定章完納致官有賠賾之虞亦必核寔懲辦以昭儆戒所有核減紹興府屬

肖偏重之苦者

[illegible][illegible]緣由理合恭摺具陳伏乞 皇上聖鑒訓示再紹屬錢糧減定後戶部郎中顧菊生已飭令前赴寗波一律查辦合併聲明

謹奏

同治三年二月二十八日奉 上諭左宗棠奏核減紹興府屬錢糧一摺浙東各屬錢糧以紹興徵收為最多而浮收之弊亦屬最甚經左宗棠查明核減將紹興府屬八縣六場正雜錢糧無論紳戶民戶統照錢數征解一切攤捐名目及陋規等項概予革除計除正耗仍照常征解外其減去錢二十二萬有奇米三百六十餘石民困諒可稍蘇即着照所議辦理嗣後並著為定章永遠遵行不准再有紳戶民戶之別致滋偏重其地方官吏又當懔己奉公剔除積習倘敢陽奉陰違添設名目格外需索及大戶不遵定章

完納者即著該督撫據實查参懲辦以重國賦而恤民瘼欽此

左爵憲紹屬錢粮碑碣

欽命督辦軍務太子少保兵部尚書兼都察院右都御史總督閩浙等處地方兼理粮餉署浙江巡撫部院兼管兩浙鹽政左為曉諭事照得州縣經收征錢粮貴有常制杭嘉湖三屬漕粮上年復欽奉　諭旨酌議核減　皇上念切民艱於錢粮繁重之區特沛　恩賜舃勝欽感本部堂督師入浙以來目擊彫殘勤思撫字疊次札飭各該地方官嚴禁浮勒核減征收以蘇積困復經照會顧郎中前赴紹興會同該署楊守詳查紹屬各縣場舊征銀米各數分別釐減浮費去後茲據顧郎中楊守以紹屬各縣場錢粮除新昌一縣已經勒石定數毋庸更改其餘各縣場應統以一

一戔作為正項外每兩均留平餘津貼辦公並將一切陋規裁

[illegible]防之用款稟覆前來本部堂細加酌核均尚妥協當即据情入告所有紹屬征解錢粮合行出示曉諭為此仰紹屬軍民人等知悉自同治三年上忙啟征為始除正項一兩一錢外山陰縣地漕每兩准留平餘錢三百文南米本色每石准留餘米七升折色每石准照五千文折收會稽縣地漕每兩准留平餘錢四百文南米本色准留餘米七升折色每石准照五千文折收蕭山縣地漕公租灶課准留平餘錢四百文南米折色准照五千文折收另户米每石准照三千三百六十文折收牧租每千准照一千一百文征收諸暨縣地漕每兩准留平餘錢三百文上虞縣地漕每兩准留平餘錢二百五十文餘姚縣地漕每兩准留平餘錢二百八十文嵊縣地漕每兩准留平餘錢三百五十文曹娥場金山場均每兩

准留平餘錢四百文錢清場東江場三江場均每兩准留平餘錢
二百文自示之後准爾等地方刊碑勒石永爲定則無論大户小
户一律照章完納不得稍有抗欠其完納銀米應概用版串書吏
不得包征包解如有奸胥蠹役仍前勒抑浮收或藉代賻及各項
名目需索加費許赴該地方官控訴申理爾等亦宜互相勸勉踴
躍輸將毋得任意抗玩致干咎戾其各凜遵毋違特示
同治三年四月初九日給

光緒二十九等年先後稟請嚴禁山會兩縣錢粮浮收加價紳士

題名。

前湖北督粮道分省補用道夏宗彝

三品封員胡壽恒

四品封員程丙臣

戶部山東司郎中孫世耀

候選中書科中書田寶琛

三品銜候選知府徐嘏蘭

增生王世裕

拔貢蕭之望

選知府孫樹英

用知府福建候補通判宗能達

安徽候補直隸州知州朱文煜

分省補用州知州何楙

分省試用同知謝泰鈞

候選同知謝恭淼

運同銜候選同知繆祥楨

候選同知鮑誠陸

江蘇大挑知縣褚煥辰

特用知縣言寶書

福建候補知縣沈元豫

江蘇候補知縣莊肇

候選　同知汪域
分省補用知縣周詰
分省選用知縣陳祖培
江蘇補用縣丞許燮珪
光緒二十九年十一月胡紳壽恒等稟紹興府並山會兩縣
請禁錢粮浮收加價第一稟。
為荷恩禁革山會兩縣錢粮浮收弊猶未淨恐復滋生懇賜一
体頒示勒石永禁俾資遵守事竊山會兩邑征數上下忙銀米向
多浮弊此禁彼創不勝防察銀米則按戶俱索串票錢數十文粮
戶貧富雖富齊輸納不無先後遇有貧乏當年無力清完者一至
下忙須加價而銀為尤甚每兩加重至數百文紹民素愿自克

[illegible][illegible]民苦累迄數十年無敢声息現始仰沐　深仁概行飭禁
憲恩汪濊感激深矣然陽奉猶或陰違餘燼且冀復熾如前此會
邑上忙又添出另加串底名色山邑南米每洋銀一元亦短作錢
數十文雖經阮紳等亟請諭禁而鄉儒按完未盡識數類被欺朦
又兩邑南米除有數處完性稍疲沿收本色改折向听各按情形
另議外其願完折色者本奉
前升爵閣撫憲左　奏定每石收錢五千文則是每升五十劃一
無欺無論紳民均宜一律乃紳戶尚克照章间遇浮溢數亦無多
此外民戶所完每升總須錢六十八文及七十二文不等年外猶
不止此竟有至八九十者艱微小戶矜恤宜加而特重征求能無
嗟怨凡此種切弊累稍留未淨便恐滋生雖　大府已施再造之

恩而小民猶抱向隅之憾欽此　法廉整飭千載一時不求始終
成全空無以杜弊害而經久遠謹合詞呈乞　大公祖鑒准俯照
指陳上項一切浮弊統　賜一体頒示勒石永禁俾資遵守從此
諸弊肅清新陳既歸一律加浮亦並蠲除而民戶輸完南米得從
紳戶一視同仁每升概照章完錢五十文尤必戶頌家謳永久感
念　盛德於不置職等不忍獨善冒為乞　恩亦庶無愧謹上稟
本年十二月初二日奉
紹興府熊　批查山會兩縣南米民間投完折色減浮案內奏定
每石收錢五千文本無紳民及新舊之別據稟民戶所完折色每
升須錢六十八文至七十二文不等年外竟有八九十文者實屬
顯違定章任意浮索小民何辜受此朘削亟應嚴行禁革以恤

縣依札飭山會兩縣重申定章出示勒石永禁如經書巧立名
目再有浮索情弊准納户來轅指控听候嚴辦可也著即知照
光緒三十一年九月夏紳宗彝等稟府請禁錢粮浮收加價第二
稟
爲蒙批嚴禁徵粮浮弊格不遵行瀝情懇　賜憲示頒領勒石永
禁俾資遵守而杜弊害事竊前由封職胡壽恒等稟山會兩縣錢
粮銀米浮收加價請　賜頒示勒石永禁由奉　批查山會兩縣
南米民間投完折色減浮案内奏定每錢石收錢五千文本無紳
民及新舊之别據稟民户所完折色每升須錢六十八文至七十
二文不等年外竟有八九十文者寔屬顯違定章任意浮索小民
何辜受此朘削亟應嚴行禁革以恤民艱候札飭山會兩縣重申

定章出示勒石永禁如經書巧立名目再有浮索情弊准納户來
轅指控听候嚴辦可也著即知照等因其上下忙條銀奉定每正
耗銀一兩山邑加收平餘錢三百文會邑加收平餘錢四百文誠
如
鈞諭亦並無紳民及新舊之别乃亦惟田多大户尚克照章至小
户則雖在年前已多浮取遇有貧難無力不得已而捐之年外赴
櫃投完即作陳粮概須加價每兩四百文懦者猶不止此若經截
串簽催名為差墊横索更無限制是小户完銀年內外浮收加價
其弊正與南米畧同伏惟
大公祖弊無不除除無不盡當
憲批頒下之日莫不欣欣相告僉謂南米浮收既蒙禁革條銀加

[illegible]心蠲除隨由學界義紳刊單遍傳
德政固已感深再造望切來蘇矣無如祛弊甚難有
恩莫遠時逾兩載迄未寔見施行示諭且無何論勒石今會邑幸
值俞尊害已斂戢而山陰獨異弊尚公行小戶仍屬浮收年外依
然加價米銀重困新舊疊增民莫能堪流為怨讟編作歌詞至被
報館据摭輒以額外加徵刊騰本年七月二十六日報紙現尚加
收雜為尊諱
憲批准其指控小民莫敢攖鋒紳士亦均忌器兼有獨善其身深
恐取怨者要之一路一家多少宜審兩利兩害輕重須權紳士為
民庶代表平時干說訟情有傷名檢若事閔全体亦噤不一言務
欲寡尤轉近矯枉謹公同據情（寔）瀝情冒

憲乞恩爲民請命仰祈
大公祖大人鑒核俯念衆繳小户田本無多力寔有限正供銀米
之外賠捐積谷攤派已繁現又增出學堂串費粮少之户幾踰正
賦若再浮收更復加價其何以堪前沐
鈞批飭由縣中出示終於格不遵行唯有懇　賜憲示將兩邑上
下忙條銀應繳每兩隨正平餘並南米每升折色收價各數目及
銀洋概照市價核算亦無紳民及新舊之别一律申明定章分晰
曉諭所有向日銀米浮收加價自此永遠禁革並求另頒五紙徑
由紳等具領敬謹勒石分立各處仍搨摹送案俾資遵守而杜弊
害　終始恩全紳民感戴謹禀

附禀

[illegible]付[illegible]者窃紳等應完錢粮銀米而均當年照價清完所有浮收
加價本祇偏累小户無与紳富之事前禀係專為小户乞
恩並非利己然亦恐疑其自便私圖以為陳粮不復加價則田多
大户亦將觀望挨延拖至年外不幾
雅意恤民轉与催科窒碍斯亦理想所當有而寔不然完粮如有
銀米分數正展例限非概以年定按例亦僅有革辦而無增重年
外私加本非紳户之所甚悍既圖拖欠豈復就範設不听加又將
何處顧必亟亟於年内耶前既不因加價而赶先從亦何致因免
而疲滯事各有由難可混籍征粮之衰旺率視收穫為早遲未至
其時嚴催無益一當其候推擠不開兩邑多種晚稻收汎較遲大
概冬至收租租畢完賦時事迫蹙遝會年前蓋非加價而赶在年

内乃年内大户多已完納下剩小户始加價也是紳富觀望一層絕非情理又皆顧惜声名斷可毋庸疑慮其次中户有田百數十畝慎守勤持類多穩實亦最畏法唯恐喪資況所爭不過轉瞬遲早之间終竟不能省免僅〻貪惜粮款中之幾微小利而敢爲嘗試昧 國課早完之誠蹈身家不顧之危拙謬不當至此萬或有之亦必少數敢效其愚姑請存倫一格但列一年當(常)通用簡示既係中户仍以歲底爲率查有未完即發簡示粘列名單飭由地保領帖所在鄉坊預行告諭姑緩差追限以開歲二月苟非加浮過阻必無不完果其查寔玩違即例辦亦復何惜如是則併中户亦可不憲下此唯貧難無力之小户耳此屬向來遲至年外完其獘以作畋步重循已屬無甚出入且小户原以浮加益形粮滯既蒙

[illegible][illegible]輒易輸將民豈無良或竟感激思奮稍獲提前則尤見
憲慈挾獎惠民有明效而無窒礙也紳等仰体
藎籌反復較計謹一併附陳
大公祖鑒採施行宗彝等謹又稟
本年九月初八日奉
府批查山會兩縣征收南米折價本有定章前據該封員胡壽恒
等稟陳積獘當經明晰批示並札該兩縣出示勒石嚴禁在案如
果浮收之獘仍未盡絕寔屬玩違候即給示勒石永禁以垂久遠
而恤民艱並行兩縣遵照至陳粮加價一節另候議辦可也
光緒三十一年夏紳宗彝等稟撫藩憲請禁錢粮浮收加價第三
稟

爲錢糧浮收加價民莫能堪瀝情懇　賜憲示頒領勒石永禁俾
資遵守而杜弊害事竊紹屬山會兩縣錢糧同治三年四月蒙
前升爵閣督撫憲左　奏奉
諭旨頒示曉諭自同治三年上忙爲始除正項一兩一錢外山陰
縣地漕每兩准留平餘錢三百文南米本色每石准留餘米七升
折色每石准照五千文折收會稽縣地漕每兩准留平餘錢四百
文南米本色每石准留餘米七升折色每石准照五千文折收自
示之後准爾地方刊碑勒石永爲定則無論大户小户一律照章
完納如有奸胥蠹役仍前抑勒浮收或藉代墊及各項名目需索
加費許赴該地方官控理光緒二十八年二月糧捐案内又奉
一六八
升（柴）藩憲誠（埜）會示曉諭糧捐應無論新舊一律加收唯查各屬舊

糧徵須有貴於新糧現既按兩加捐其征價自不得再分軒輊以
昭平允而示体恤各等因是兩縣征完銀米本折平餘本各奉有
定數無論大小戶一律照完不准抑勒浮收或藉勢巧立各項名
目需索加費係奏奉
諭旨頒示勒石垂爲定制其舊糧徵價概照新糧不准加收亦奉
藩憲示諭有案乃大憲雖施破格之恩小民仍抱向隅之憾惟田
糧多大戶其銀米類能當年完納尚克照章至小戶則雖在年前亦
多浮勒按定數每銀一兩浮收錢數百文每米一石浮收錢千餘
文及二千餘文不等尤可憫者糧戶貧富雖齊輸納不無先後遇
有貧乏當年無力清完一至年外即作舊糧概須加價浮收之外
完銀者名爲按兩進增加價錢四百文儒者猶不止此完米者按

石遞增加價錢一千數百文若經截串差追名曰墊票横索更無限制竟有每兩至四五千文每石至十五六千及二十四五千不等者此外又有差費酒飯各種名目光緒二十八年二月生斯濂偶一疏遺適丁其厄無獲已禀奉本府熊尊批以該縣舊粮征價貴於新粮自奉加粮捐以後自不得再分軒輊據呈赴縣投納陳欠銀米庫書仍有浮算情弊如果屬實殊為胆玩仰會稽縣立即查禁嚴究嗣又經封職壽恒等見聞不忍禀請示禁山會兩縣銀米浮收加價亦奉府批明本無紳民及新舊之别嚴批飭縣出示勒石永禁滿謂循良際會廉法相持從此苛弊一清斯民之幸又無如雖令不從有名無實時及兩年之久徒切雲霓迄無膏澤今會邑幸值俞尊害已漸戢而山陰獨異弊尚公行小户仍復浮收

年外仍然加價另又添出貼串名色洋銀每元較市亦短作錢數十文民莫能堪流爲怨讟編作歌詞至被報館摭拾輙以額外加征刊騰本年七月二十六日報紙現尚加收難爲尊諱

憲示原准指控小民莫敢身嘗藏等或親曾經歷或灼知弊害比復具稟府尊爲申前請既似數疏瀆告之無聊又虞運動把持之鮮濟唯有録呈碑摹示諭並舊刊詳著利病成書瀝情聯稟冒

憲乞恩爲民請命仰祈

憲公祖大人鑒核俯念浮收乖制加價病民小民產本無多力寔有限正供銀米之外糧捐積穀攤派已繁現又增出學堂串費若再浮收更兼加價其何以堪前已屢請府縣示禁終於格不能行

伏維

憲仁為　國恤民為民除害火熱水深非
公莫極證之　恩賜憲示將山會兩縣地漕銀兩並南米折色收
價各數目及銀洋概照市價毋許減短貼串亦無紳民及新舊之
別一律申明定章分晰曉諭所有向日銀米浮收及年外加價永
遠禁革並求另頒數紙徑由紳等具領遵當一併刊碑勒石分立
各處仍搨摹呈送俾資遵守而杜弊害
高厚生成紳民感戴謹上稟　九月廿七日稟
計錄呈碑摹示諭兩紙並舊刊詳著利病征輸定則成書一
本
本年十月十九日奉
署撫憲瑞批職道夏宗彝等稟山邑陳粮加價浮收由

據禀舊粮加價及勒抑浮價等情如禀屬實均干例禁仰布政司
即行查核出示並通飭各州縣一体遵照勿得任听書役朦收舞
弊致干參咎凜之切切

藩憲翁批同前由
征收錢粮本無紳民及新舊之別光緒二十七年間籌辦粮捐又
經　誠前升司以各屬陳粮加價即屬浮征應行禁革會同粮道
示諭在案據禀山邑征粮仍有浮收加價情弊如果屬實顯干禁
令仰紹興府申明定章分晰曉諭所有銀米浮收及年外加價一
律革除飭縣勒石遵守如有刁胥蠹役仍前需索加費即行嚴辦
不貸並將示稿碑摹通送查考毋任玩違致干參咎切切　仍候
撫憲批示粘抄刊本存附

光緒三十一年十一月夏紳宗燮等稟請藩憲頒發告示第
四稟
為已奉批准頒發　憲示嚴禁征粮浮弊懇即　恩賜給領俾資
勒石永遵杜害蘇困事竊於本年十月奉
署撫憲瑞批職道宗燮等稟紹興府屬山會兩縣錢粮銀米浮收
及年外加價請賜頒示勒石永禁由奉批據稟舊粮加價及勒抑
浮收等情如果屬實均干例禁仰布政司即行查核出示並通飭
各州縣一体遵照毋得任听書役朦收舞弊致干參咎凜之切切
先奉
前憲翁批征收錢粮本無紳民及新舊之別光緒二十七年間籌
辦粮捐又經誠前升司以各屬陳粮加價即屬浮征應行禁革會

同糧道示諭在案據稟山邑征糧仍有浮收加價情弊如果屬寔
顯干禁令仰紹興府申明定章分晰曉諭所有銀米浮收及年外
加價一律革除飭縣勒石遵守如有刁胥蠹役仍前需索加費即
行嚴辦不貸並將示稿碑摹通送查考毋任玩違致干參咎切切
仍候
撫憲批示粘抄刊本存附各等因奉查山會兩縣錢糧浮收加價
前經紳民屢次稟奉本府尊嚴批示禁久已視為具文未能寔見
施行故不得已復由紳等冒憲乞恩為民請命既已稟沐
撫憲鑒准批由
憲轅頒賜示禁小民喁喁仰望如待解懸而伏候至今尚未奉發
現值冬征收旺民間無所遵從既不免羣生疑阻在書役等且以

為紳等籲憲撫是愈肆狎侮不幾恤民美舉轉以厲民合再録批

聯乞

憲公祖大人鑒賜將山會兩縣地漕除正項一兩一錢外應繳每兩隨征平餘並南米每石折色收價各數目及銀洋概照市核算毋須減短貼串亦無紳民及新舊之别一律申明定章分晰曉諭所有向日銀米浮收及年外加價自此永遠禁革並懇

恩多頒數十道徑由紳等具領先行分立貼各處免致捺閣一面仍於城鄉力自捐資刊碑勒石揭摹呈送俾共遵守而杜弊害

終始恩全紳民感戴謹上稟

本年十二月初五日奉

署藩憲顏批查此案前經該紳等來司具稟並稟奉

撫憲批示業經由司先後批行紹興府分晰曉諭禁革在案据禀

前情候由司撰示頒發該府分貼曉諭並發該紳等具領刊勒碑

石分立各處俾資遵守此批

藩憲嚴禁山會兩縣錢粮浮收加價頒示
欽命二品頂戴兼署浙江等處承宣布政使司兼管海防事務粮
儲漕務道顔　　　　　　　　　　　　　　　　　　為
申明定章示諭遵守事光緒三十一年十月十九日奉
前兼署撫憲瑞　批據前湖北督粮道夏宗彝等稟稱紹屬山會
兩縣征收錢粮南米本折平餘均奉頒示定章舊粮征價概照新
粮不准加收亦奉示諭有案乃大户完納尚克照章小户多被浮
勒每銀一兩浮收錢數百文每米一石浮收錢一二千文不等遇
有貧户當年無力清完年外亦須加價浮收之外完銀者名為掛
兩追增加價錢四百文懦者猶不止此完米者掛石追增加價錢
一千數百文若經截串差追名曰墊票横索每石至四五千文及

二十四五千文不等此外又有差費酒飯名目民莫能堪派爲怨讟不得已爲民請命乞賜憲示將山會兩縣地漕銀兩並南米折色收價各數目及銀洋概照市價毋許減短貼串亦無紳民与新舊之别一律申明定章分晰曉諭所有向日浮收及年外加價自此永遠禁革並求另頒數紙由紳等具領刊碑分立各處俾資遵守等情奉批據稟舊粮加價及勒抑浮價等情如果屬實均干例禁仰布政司即行查核出示並通飭各州縣一体遵照毋得任听書役朦收舞弊致干糸咎懔之切〻等因奉此查此案前據該紳等並稟到司業經批飭紹興府遵辦在案兹奉前因又據該紳等稟請由司給示前來合行出示曉諭爲此示仰山會兩縣紳民人等知悉同治初年奉

前陞爵閣督撫憲左　釐定山會兩縣地漕錢粮每兩正耗收銀一兩一錢外山陰縣每兩加收平餘錢三百文會稽縣每兩加收平餘錢四百文南米本色每石加收耗米七升折色每石收錢五千文大小户一律完納又光緒二十七年賠款籌捐案内誠前升司議定每征地漕正銀一兩無論新舊加收粮捐錢三百文舊粮與新粮並征不得另再加價亦經示諭有案是縣征銀米均有章程不容違混自示之後爾等户内應完之款務各遵章完輸納毋听抑勒倘有不肖書役仍敢違章浮收藉端需索並銀洋不照市價減短貼串從中滋弊許即指名控告飭府嚴提究辦决不寬貸其各懍遵毋違特示

光緒三十一年十二月　　日給

右示已按鄉鎮分貼懸挂並刊傳單遍行分送現又在城刊碑勒石分立江橋並山會兩縣署前如鄉鎮欲照刊立可赴城摹式或另行書寫悉听自便

查奏定兩邑銀米收價數目業奉藩憲分别示諭已甚明晰唯銀兩照市價合錢時有漲跌完數仍難劃一鄉愚皆不識算每被欺朦今特照近年時價（大概每兩易錢一千五百文多至一千六百文為止）酌中約計合成錢數並將按限應加平餘一併算入彙作每兩應完若干一條總數以期簡明易曉此原為不識算者設法其能算者自可照市合計至每兩隨征糧捐錢三百文又現據稟增學堂串費每張錢十四文上下忙銀米票四張共計錢五十六文与帶收每畝二十文積穀捐錢如仍奉侯辦概須另計並

未合算在内理合詳細登明

計開

山陰縣上下忙地漕正耗銀連平餘

六月二十五日以前每兩約完錢一千九百數十文

六月二十五日以後每兩約完錢二千零數十文

會稽縣上下忙地漕正耗銀連平餘

六月二十五日以前每兩約完錢二千零數十文

六月二十五日以後每兩約完錢二千一百零數十文

山會兩縣上下忙南米折色每石完錢五千文即每升五十文

推收定案

稟山會兩縣莊書勒索陋費請頒示永禁由

爲瀝陳推收苛索蠹弊前稟府批飭議章嚴禁久不遵行害復加甚環乞
恩賜憲示定章頒領勒石永禁事竊職等均籍隸紹興府屬山會兩縣向例民間買賣田房等産業均應向縣中管册莊書推收過戶承粮其紙筆費錢本奉
前藩憲詳院立案每畝給錢十文地山池蕩每畝給錢五文毋許絲毫多索出示勒石樹立府大堂並山會兩縣邑廟雖經兵燹毀滅猶有存者乃竟日久玩生潛滋暗長至於今日其蠹弊遂不可復問每畝索陋費自銀洋兩元起至三五六七元不等甚有十數元者其房屋價值纔多至數千盈萬亦必準田畝升算山地即少

紹興縣志採訪稿

至半畝數分又不能照田核計輒作秀穴居奇索費更重稍不滿欲即百計刁難非謂排畝不符即指戶名有錯已產故疑為假冒分撥轉混作公堂其有實在盜賣合族公祭及他人產業者但与以倍蓰之費或許朋分產價轉而保守無從動為串售兩邑訟案之多半皆因此蓋戶糧冊籍全錄各莊掌定寔能操縱自由把持挾制而本官反倒持無權一任玩狎間有一二攻發徒多朦搸無益事情況又有左右暗受鈎餌曲為庇護者更無論矣故雖縉紳之家亦復不免苛索稍獲寬原已甚僥倖彼多數小民之更為魚肉從可想見且紹俗置產非有過戶印單受主例不兑價其費受主雖亦分貼數屬無多則凡受苛敲脅錄出主人而至於賣產亦出於萬不得已或婚喪要需或年時緊債乃愈窮則愈加迫急愈

急且愈肆要求貧寒苦累之深尤堪憐憫然而窟穴堅久城社庇依民既赴訴無門紳亦不免忌器雖均蹙額相告卒無如何嗣至必不得已經封職壽恒等聯名陳乞本府請賜嚴定章程出示勒石永禁並以獘去泰甚法期可行是項推收費錢以前固奉憲飭每畝給錢十文五文受民原切定數過徵遂破隄防漫無限制與其浮之分外無窮處以適中其應如何酌中損益之處爲維憲定無不遵依唯可否將應徵契稅亦照錢糧一体設櫃縣堂听民投稅過戶其奉定推收過戶費錢即隨稅銀并納庶無抑勒留難之獘而稅契與過戶連成一起稅餉无不旺征不致如前隱漏裕課恤民一舉數善於光緒二十七年十一月間稟奉　熊府尊批以民間買賣田房産業莊書推收紙筆費錢向有成規節經札

飭嚴禁毋許多索乃莊書日久玩生罔知禁令竟以推收索費為固有之利本府披閱詞訟上控莊書索費盜除之案山會兩縣獨多雖經遇案嚴飭提訊革究率皆視為具文並不嚴行懲創以致庄書毫無顧忌任意貪婪於公產祭田尤甚查閱所陳種種積弊係屬實在情形自應嚴行禁止以清訟源而恤民隱該職等所稱弊去泰甚法期可行洵為平正通達之論應如何斟酌損益之處候札飭山會兩縣妥議章程通詳請示遵辦等因稟批之下均以為叢弊多年豁除有日萬民感仰如望再生詎今時閱兩年既不聞有邀會地方紳士如何集議妥定章程亦未見出示嚴禁蓋煌煌批諭竟不遵行以致庄書毫無顧忌任意貪婪實有如本府所批云然者殆又甚焉近且變本加厲益肆苛虐將盡貧氓之敲吸

徒供若輩之饕餮顧念積弊已深非
恩莫極謹公同據實瀝情環求
憲公祖大人鑒核俯賜將此項推收費錢勿論加以多少總求明
定章程確有限制並懇　恩頒給憲示具領勒石永禁以後不准
於定數之外再有浮索俾除民患而資遵守再前奉頒發買賣田
房等產業司印三聯官契飭由城鄉紳士典鋪轉售原以廣通消
而便民用今或束閣不行無從售取或委任庄胥極其苛碎民間
於買賣契紙不啻日用所需必使城鄉隨處可購方足以通消便
用乃務為窒塞違相背馳以致買賣產業者為此項印契不用則
恐悖憲章遵用則不勝周折轉令無所適從若循此不改將來必
致於推收之外多啟需索之端無益公家滋為民累合并声乞

憲示遵行感戴上禀

光緒三十一年十月　日給

藩憲翁批

民间買賣産業過户承粮豈容庄書刁難勒索據禀山會兩縣庄書把持挾制習為固然小民赴訴無门向經控發地方有司並不嚴行懲創寔堪詫異禀叙推收費錢與其浮之分外無甯處以遵中洵是通論應如何酌中損益仰紹興府悉心妥議詳覆察奪至田房税契例應照征收錢粮設櫃縣堂听業户自行賫契投税該兩縣不遵定制務屬非是應令遵例設櫃司印官契莊書領售既極苛碎應改由契税櫃書兼售以恤民隱而除積弊並即轉飭遵辦具報均無違延切切

山會兩縣紳民稟嗣後推收田每畝給錢四百四十文地山蕩照
契價升算業經公同議定請轉詳由爲酌中定價衆議僉同粘呈
條議公請轉詳給示勒石遵守以恤民隱而除積弊事竊莊書推
收户粮本有定章田每畝給錢十文地山蕩五文無如定數過微
隄防遂破

紹興縣志采訪稿

覭披閱該紳等所議章程尚屬平允周妥現奉
藩憲批示到府候即核詳飭遵章程名單各一紙附

紹興府詳覆山會兩縣莊書推收費錢章程請示遵行由光緒三十一年案

為詳復事案奉

前憲台翁 批山會兩縣紳士馬傳煦等稟陳推收苛索蠹弊乞示定章勒石永禁等情詞奉批民間買賣產業過戶承粮豈容莊書刁難勒索據稟山會兩縣庄書把持挾制習為固然小民赴訴無门徇經控發地方有司並不嚴行懲創實堪詫異稟叙推收費錢与其浮之分外無甯處以适中洵是通論應如何酌中損益仰紹興府悉心妥議詳復察奪至田房稅契例應照征收錢粮設櫃大堂听業户自行賫契投稅該兩縣不遵定制亦屬非是應令遵例設櫃司印官契庄書領售既極苛碎應改由契稅櫃書兼售以

恤民隱而除積弊並即轉飭遵辦具報均無違延切切等因奉此
卑府伏查山會兩縣民間買賣田房産業推收戶粮莊書刁難婪
索最為民害前據紳士胡壽恒等稟陳積弊卑府當以弊去太甚
法期可行札飭該兩縣妥議章程通詳請示辦理在案迄今未據
遵辦茲奉前因正在查議間據紳士胡壽恒等聯名稟稱職等邀
同城鄉紳民在大善寺集議公決有謂照上虞定章每畝給錢二
百五十文蕭山諸暨定章給錢四百文其餘各縣均無有過三百
文者職等公同商酌既有蕭諸兩邑之多數而轉從上邑之少數
比拟似難折服請照蕭諸兩邑定章嗣後推收田一畝准給錢四
百文地山蕩及房屋墳地各産因契價大有軒輕應照田畝計算
每田一畝以六十千作算如僅止撥戶每畝給錢一百文凡有公

發字樣不准私自收除以杜盜賣而清訟源等情條議章程開摺
稟送前來卑府查該紳等所議推收戶粮每畝給錢四百文較之
從前定章已加增多數於庄書紙張費用尚不為少至民間買賣
房屋墳地各産雖畝分有限而契價數倍田價若按畝計費似覺
偏枯現以契價之重輕定除費之多寡按田價每畝六十千作算
亦屬平允惟各庄書素以推收索費視為固有之利一旦明定限
制縱不能額外浮索而種種刁難在所不免小民仍隱受其累查
兩縣本立有莊總書名目應由縣於兩廊科房內專設推收公所
一處責令莊總書專司推收戶粮製給印旂等事另由粮戶每畝
加給錢四十文以資莊總辦公之費至奉頒官印契紙發莊領售
既極苛碎亦應由縣改發庄總書售賣照章取價以專責成並將

契稅援照推收公所辦法設櫃征收听業户賫契投稅以從民便

而杜隱漏理合將該紳等所議章程核明録摺詳復仰祈

憲台詧核俯賜批示立案俾便轉飭遵辦一面由府出示曉諭以

資遵守而垂久遠實爲公便爲此備由呈乞

照詳施行須至詳者

計呈清摺一扣

呈今將山會兩縣紳士胡壽恒等條議庄書推收費錢章程核明

照録清摺恭呈　憲核

計開

一推收户粮定章每畝給錢十文地山蕩給錢五文此價似覺太

少現在酌中損益每田一畝給錢四百文房屋墳基及地山蕩

等產准照田畝升算以六十千作價如僅止撥户每畝給錢一百文房屋各產亦照契價升算以貽公允倘有公祭字樣不准私自收除以保祭產而杜盜賣

一推收田畝及撥户雖經公議定價終恐日久玩生如欲刁難不遂無詞非指號畝不符即謂户名有錯明知出主急不能待而紅單措揲不給終亦無可如何惟有於定價之外格外加給俾得從速過割小民仍被勒索可想而知況若輩惟利是圖且恐因此而愈無忌憚不特積弊未能盡絶反開需索之端應請另設推收公所一處令庄總專司其事如業户賣旂推收即赴公所交由庄總向該庄查明户號畝分相符保除可靠庄書不得刁難照議給價每畝給錢四百文另給每畝錢四十文以作莊總

辛工當日出給印䜿由庄總交付業戶總以三日爲限不得久延
以杜需索
一司印官契發莊領售殊多苛累應請發交莊總售賣照章取價
以專責成而廣通銷
一議各房公共產業如有緊急要需各房均願出售立有議據自
當騐明議據兼憑保人推除其除費亦照定章每畝給錢四百
文不得額外多索
藩憲寶批　光緒三十二年二月初五日奉
查山會兩縣民間買賣產業向莊書推收過戶承粮既經胡紳等
集衆公議援照蕭山諸暨兩縣定章每田一畝給莊書推收費錢
四百文山蕩房屋坟地按照田畝以每畝價錢六十千文作算如

僅止撥户每畝給錢一百文由縣於兩廊科房内專設推收公所責令莊總書專司推收户糧嚮給印旂等事另由糧户每畝津貼辦公費錢四十文應准如詳立案仰即轉飭山會兩縣遵照諭飭各莊書不得再行額外需索倘敢故違一經覺察定行從嚴懲辦一面由府出示曉諭用垂久遠至官印契紙發莊領售既極苛碎自應改發莊總書照章售賣並將稅契援照推收公所辦法設櫃征收听憑業户持契投稅以從民便切切此繳摺存

署理紹興府正堂加三級隨帶加一級紀録十二次劉

為出示曉諭事查接管卷内光緒三十二年二月初五日奉

藩憲寶　批熊前府詳復山會兩縣莊書推收費錢章程請示遵行由奉批查山會兩縣民間買賣産業向莊書推收過户承糧既

紹興縣志采訪稿

經胡紳等集衆公議援照蕭諸兩邑定章每田一畝給莊書推收費錢四百文山蕩房屋坟地援照田畝以每畝價錢六十千文作算如僅止撥戶每畝給錢一百文由縣於兩廊科房內專設推收公所責令莊總書專司推收戶粮掣給印旂等事另由粮戶每畝津貼辦公費錢四十文應准如詳立案仰即轉飭山會兩縣遵照諭飭各庄書不得再行額外需索倘敢故違一經覺察定行從嚴懲辦一面由府出示曉諭用垂久遠至官印契紙發庄領售既極苛碎自應改發庄總書照章售賣並將稅契援照推收公所辦法設櫃征收听憑業戶持契投稅以從民便切切此繳等因奉此除飭山會兩縣遵辦外合行列條出示曉諭為此示仰山會兩縣紳民人等一体知悉嗣後凡賣買田房產業向庄書推收戶粮均應

遵照詳定章程辦理倘各庄書仍有留難需索情事一經覺察或
被指控定即立提到案從嚴懲辦决不寬貸其各懍遵毋違特示

光緒三十二年二月　　日給

右示已在城刊碑勒石立於江橋等處

紹興縣志採訪稿

此件從蕭署保存案件內錄出

浙江省山陰縣徵收田賦科則統計分表

產別細則產額		每畝科徵銀米率		共計	
		銀	米	銀	米
鑑湖鄉田	壹千貳百伍拾伍頃叁拾畝叁分伍釐陸毫玖絲	壹錢貳分柒釐壹毫肆絲叁忽玖微柒塵捌渺伍漠	貳升伍合伍勺伍抄叁撮玖圭壹粟肆黍	壹萬伍千玖百陸拾兩肆錢貳分玖釐	叁千貳百柒石柒斗玖升壹合伍勺
中水鄉田	貳千玖百叁拾壹頃貳拾貳畝肆分陸釐肆毫壹絲陸忽	壹錢壹分肆釐陸絲陸忽捌微伍塵陸渺叁漠	貳升貳合叁抄肆撮捌粟捌粒捌黍	叁萬叁千肆百叁拾伍兩伍錢伍分捌釐	陸千肆百伍拾捌石陸斗捌升陸合肆勺
下則田	叁百叁拾叁頃壹拾陸畝壹分捌釐玖毫玖絲	壹錢壹分壹釐叁毫玖絲肆忽壹微叁塵叁漠	貳升壹合壹勺壹抄捌撮玖圭叁粟叁粒伍黍	叁千柒百壹拾壹兩貳錢貳分捌釐	柒百叁石陸斗貳合肆勺
沿山鄉田	貳百肆拾肆頃陸拾陸畝肆分玖釐貳毫	玖分捌釐伍毫柒忽玖微壹塵叁漠	壹升伍勺伍抄玖撮肆圭陸粟陸粒肆黍	貳千肆百拾壹兩壹錢肆分叁釐	貳百五拾捌石叁斗伍升叁合壹勺

江北鄉田 玖百叁拾肆頃陸拾柒畝伍分肆厘貳絲 捌分陸厘捌毫陸絲貳忽陸微貳塵陸渺壹漠 壹升五合壹勺叁抄伍撮貳圭叁粟陸粒貳黍 捌千壹百壹拾捌兩捌錢叁分陸厘 壹千肆百壹拾肆石陸斗伍升叁合叁勺

天樂鄉田 伍百伍拾叁頃貳拾柒畝柒分肆厘貳毫肆絲 陸分伍厘貳毫玖絲壹微伍塵柒渺貳漠 玖合捌抄壹撮壹圭肆粟兩粒叁黍 叁千陸百壹拾貳兩叁錢五分柒厘 伍百貳石肆斗叁升玖合壹勺

田

中沙田 叁拾陸頃玖拾畝肆分肆厘伍毫 壹錢壹分伍毫叁絲伍忽壹微柒塵玖渺叁漠 無 肆百柒兩玖錢貳分肆厘 無

江沙田 壹拾伍頃壹拾貳畝伍分柒厘捌毫 壹錢壹厘玖毫肆絲肆忽肆微玖塵肆渺柒漠 無 壹百伍拾肆兩壹錢玖分釐 無

沙塗田 叁頃貳拾壹畝陸分伍厘伍毫 貳分玖厘壹毫壹絲壹忽玖微叁塵陸渺柒漠 無 玖兩叁錢陸分肆厘 無

學田 伍拾捌畝 叁分捌厘捌毫陸絲貳忽陸塵捌渺伍漠 無 貳兩貳錢伍分肆厘 無

沙佃田 壹頃柒拾肆畝伍分玖厘貳毫 貳分陸厘貳毫肆絲玖忽柒微柒塵捌漠 無 肆兩伍錢八分叁厘 無

沙稅田 壹頃肆拾肆畝壹分壹厘陸毫 叁分伍厘柒毫玖絲柒忽伍微伍塵壹渺玖漠 無 伍兩壹錢伍分玖厘 無

茅沙田 壹拾柒畝壹分伍厘捌毫 叁分伍厘叁毫壹絲捌忽捌微壹渺柒漠 無 陸錢陸厘 無

地

鑑湖鄉地	叁百肆拾捌頃肆拾陸畝玖分叁厘壹毫	伍分叁厘柒絲貳忽壹微伍渺伍漠	無	壹千捌百肆拾玖兩肆錢	無
中山鄉地	柒拾玖頃壹拾肆畝伍分貳厘貳毫貳絲伍忽	伍分肆毫玖絲肆忽捌微玖塵捌渺柒漠	無	叁百玖拾玖兩陸錢肆分叁厘	無
江北鄉地	伍拾頃柒拾伍畝貳分陸厘柒毫	肆分貳毫捌絲壹忽肆微貳塵柒渺伍漠	無	貳百肆兩肆錢叁分釐	無
天樂鄉地	捌拾陸頃伍拾柒畝柒分捌厘玖毫	貳分肆厘陸毫貳絲陸忽玖微伍塵柒渺貳漠	無	貳百壹拾叁兩貳錢壹分伍厘	無
沙地	柒頃貳分肆厘貳毫	捌分玖厘捌毫貳絲叁微柒塵陸渺叁漠	無	陸拾貳兩捌錢玖分陸厘	無
沙淦地	肆頃壹拾壹畝伍厘壹毫	貳分伍厘柒毫柒絲貳忽玖微伍塵柒渺陸漠	無	壹拾兩伍錢九分肆厘	無
沙佃地	貳頃陸畝貳分肆厘五毫	貳分壹厘肆毫柒絲玖忽叁微捌渺五漠	無	肆兩肆錢叁分	無
沙稅地	壹頃貳拾玖畝陸厘玖毫	貳分叁厘捌毫陸絲叁忽貳微肆渺九漠	無	叁兩捌分	無

乾字號上中下則花地	壹拾貳頃伍拾畝捌分貳厘貳毫叁絲壹忽	貳分柒厘	無	叁拾叁兩柒錢柒分貳厘	無
坤字號上中中次則花地	壹百貳拾伍頃柒拾肆畝陸厘貳毫柒忽	玖分肆厘壹毫	無	壹千壹百捌拾叁兩貳錢壹分玖厘	無
坤字號中下則花地	壹拾捌頃貳拾肆畝貳分捌厘玖毫	貳分柒厘	無	肆拾玖兩貳錢伍分陸厘	無

山

原額山	柒千捌百肆拾陸頃玖拾肆畝陸分叁厘叁毫	肆厘貳毫玖絲伍忽肆微肆渺陸漠	無	叁千叁百柒拾兩伍錢捌分壹厘	無
鑑湖鄉池	貳拾壹頃壹拾陸畝柒厘陸毫壹絲陸忽貳微捌塵	肆分柒厘捌毫貳絲貳忽貳渺柒漠	無	壹百壹兩壹錢玖分伍厘	無
中山鄉池	肆拾玖畝貳分玖厘五毫	肆分柒厘壹毫肆絲肆忽柒微肆塵捌漠	無	貳兩叁錢貳分肆厘	無
江北鄉池	伍頃玖拾肆畝貳分柒厘捌毫陸絲	叁分陸厘壹毫柒絲陸忽陸微叁塵肆渺玖漠	無	貳拾壹兩肆錢玖分玖厘	無
天樂鄉池	貳拾頃捌拾伍畝壹厘柒毫捌絲	貳分壹毫肆絲捌微叁塵伍渺貳漠	無	肆拾壹兩玖錢玖分肆厘	無

蕩

原額蕩　伍百柒拾肆頃玖畝壹分伍釐肆毫壹絲陸忽　捌釐壹毫壹絲叁忽伍微叁塵壹渺捌漠　無

肆百陸拾五兩柒錢玖分壹釐　無

合計

田　陸千叁百壹拾壹頃肆拾玖畝叁分貳釐玖毫伍絲陸忽

地　柒百叁拾伍頃玖拾畝貳分捌釐玖毫陸絲叁忽

山　柒千捌百肆拾陸頃玖拾肆畝陸分叁釐叁毫

池　肆拾捌頃肆拾肆畝陸分陸釐柒毫伍絲陸忽貳微捌塵

蕩　伍百柒拾肆頃玖畝壹分伍釐肆毫壹絲陸忽

柒萬伍千捌百肆拾玖兩玖錢陸分捌釐

壹萬貳千伍百肆拾伍石伍斗貳升伍合捌勺

加

銀肆兩捌錢伍分壹釐

無

銀無

徵

米無

徵米無

統計

銀柒萬伍千捌百伍拾肆兩捌錢壹分玖釐

徵額

米壹萬貳千五百肆拾五石五斗貳升五合捌勺

浙江省會稽縣徵收田賦科則統計分表

產別細則產	額	每畝科徵收銀米率共 銀	每畝科徵收銀米率共 米	計 銀	計 米
上田	壹千柒百玖拾柒頃壹畝伍分壹毫捌絲捌忽	壹錢壹分伍厘肆毫玖絲伍忽伍微柒塵叁渺	壹升玖合伍勺伍抄捌撮捌圭肆黍	貳萬柒百伍拾肆兩柒錢貳分捌厘	叁千五百壹石肆石柒斗肆升五合捌勺
中田	貳百玖拾柒頃陸拾伍畝壹分陸毫陸絲叁忽	壹錢壹分壹厘五毫叁絲陸忽貳微柒塵壹渺	壹升玖合五勺伍抄捌撮捌圭壹粒壹黍	叁千叁百壹拾玖兩捌錢捌分玖厘	伍百捌拾貳石壹斗陸升玖合捌勺
下田	壹千柒拾柒頃捌拾陸畝叁分八厘叁毫陸絲	壹錢柒厘玖毫陸絲叁忽貳微肆塵柒渺	壹升玖合五勺伍抄捌撮柒圭玖粟玖粒捌黍	壹萬壹千陸百叁拾陸兩玖錢陸分捌厘	貳千壹百捌石壹斗柒升貳合叁勺
二升北折米田	壹百壹拾壹頃玖拾貳畝叁分叁厘	壹錢柒毫貳絲伍微捌塵叁渺	壹升柒合肆勺肆抄五撮玖圭陸粟貳粒玖黍	壹千壹百貳拾柒兩貳錢玖分柒厘	壹百玖拾五石貳斗六升捌勺
二升上北折米田	壹拾肆頃貳拾貳畝陸厘	壹錢貳厘玖毫肆絲壹忽五微柒渺	壹升陸合壹勺柒抄捌撮貳圭貳粟	壹百肆拾陸兩叁錢捌分玖厘	貳拾叁石陸合肆勺
三升北折米田	壹拾叁頃壹畝陸分叁厘五毫玖絲	玖分柒厘五絲玖微肆塵玖渺	壹升肆合陸勺陸抄玖撮捌粟	壹百貳拾陸兩叁錢貳分伍厘	壹拾玖石玖升叁合八勺
四升北折米田	捌頃柒拾柒畝壹分捌厘肆毫捌絲	玖分伍厘捌毫玖絲貳忽	壹升叁合柒勺叁抄貳撮貳圭柒粟	捌拾肆兩壹錢壹分五厘	壹拾貳石貳升叁勺

田

四升上北折米田	伍拾肆頃玖拾柒畝叁分肆釐壹	玖分柒釐柒毫貳絲柒忽五塵玖渺	壹升弍合陸勺柒抄柒撮肆粟	五百叁拾柒兩弍錢叁分玖釐	陸拾玖石陸斗玖升
五升北折米田	壹拾陸頃壹拾畝壹分捌釐壹毫	玖分貳釐玖毫玖絲五忽壹微叁塵伍渺	壹升壹合肆勺陸抄玖撮陸圭肆粟弍粒	壹百肆拾玖兩柒錢叁分玖釐	壹拾捌石肆斗陸升捌合弍勺
五升上北折米田	捌拾弍頃捌拾弍畝柒分壹釐陸毫柒絲	壹錢弍釐柒毫肆絲捌忽陸微五塵五渺	壹升壹合伍勺叁抄叁粟肆粒	捌百五拾壹兩叁分捌釐	玖拾五石五斗
七升北折米田	貳拾叁頃玖拾陸畝柒釐叁毫玖絲貳忽	玖分壹忽肆微	玖合叁勺伍抄陸撮捌圭肆粟捌粒	貳百壹拾伍兩陸錢五分	貳拾貳石肆斗壹升玖合柒勺
山海鄉田	柒百肆拾叁頃叁拾玖畝叁分伍釐陸毫玖絲	捌分捌釐柒絲壹微玖塵玖渺陸漠	無	陸千伍百肆拾柒兩捌分叁釐	無
山患田	柒拾貳頃貳拾貳畝肆分柒釐柒毫陸絲	貳分捌釐肆毫捌絲柒忽伍微玖塵弍渺	無	貳百五兩柒錢五分壹釐	無
新墾山田	壹拾陸畝捌分玖釐柒毫	陸分捌釐壹毫壹絲捌忽陸微	無	壹兩壹錢伍分壹釐	無
海患田	捌拾陸頃捌拾伍畝壹分肆釐肆毫柒絲叁忽	伍分陸釐玖毫柒絲五忽弍微壹塵陸渺	無	肆百玖拾肆兩捌錢叁分捌釐	無
新墾患田	玖畝柒分玖釐捌毫叁絲	貳分壹釐捌毫肆絲五微	無	貳錢壹分肆釐	無

地

上地	壹百貳拾陸頃叁拾陸畝伍分叁厘貳絲捌忽	肆分陸厘陸絲叁忽肆塵	玖合捌勺叁抄玖撮柒圭陸粟伍粒玖黍	伍百捌拾貳兩柒分柒厘	壹百貳拾肆石叁斗肆升五勺
中地	壹拾壹頃叁拾壹畝陸分玖厘壹毫肆絲	肆分肆厘貳毫貳絲捌忽肆微玖塵	玖合捌勺叁抄玖撮柒圭捌粟伍粒	伍拾兩伍分叁厘	壹拾壹石壹斗叁升伍合陸勺
下地	玖拾頃捌畝肆分貳厘叁毫貳絲貳忽	肆分叁厘柒毫肆絲伍忽叁微玖塵	玖合捌勺叁抄玖撮柒圭陸粟捌粒陸黍	叁百玖拾肆兩柒分柒厘	捌拾捌石陸斗肆升捌勺
全荒地	壹拾陸頃壹拾畝叁分玖厘伍毫叁絲	壹分貳厘陸毫伍絲叁微壹塵	無	貳拾兩叁錢柒分貳厘	無
山地	壹百捌拾陸頃肆拾五畝貳分叁厘玖毫壹絲	壹分陸厘壹毫貳絲陸忽玖微五渺	無	叁百兩陸錢玖分	無
新墾山地	貳拾玖畝陸分柒毫	壹分貳厘肆毫陸絲叁忽	無	叁錢陸分玖厘	無
開元寺長春觀龍王堂武肅王地	陸拾捌畝伍分玖厘陸毫	捌毫柒絲肆忽伍微	無	陸分	無

山

山	壹千柒百伍拾捌頃捌拾捌畝柒分肆毫叁絲	肆厘肆毫肆絲貳忽壹微叁塵捌渺陸漠	無	壹百捌拾壹兩叁錢貳分貳厘	無
平水閔山	伍百伍拾壹頃貳畝貳分肆厘陸毫	肆厘捌毫貳絲捌忽肆微伍渺柒漠	無	貳百陸拾陸兩伍分六厘	無

新墾山 肆分叁厘捌毫
叁厘柒毫玖絲伍忽
無
貳厘
無

蕩
壹拾頃壹拾畝柒厘叁毫
貳分壹毫捌絲貳忽柒微
肆分肆抄肆撮伍圭伍粟九粒
貳拾兩叁錢捌分厘
肆石捌升伍合叁勺

蕩

池蕩漊
玖頃玖拾壹畝柒分壹厘伍毫伍絲肆忽
壹分伍厘壹毫陸絲壹忽陸微壹塵
貳合五勺玖抄伍撮捌圭五粒
壹拾五兩叁分陸厘
貳石五斗柒升肆合叁勺

鈔蕩
壹百捌頃壹拾柒畝叁分柒厘玖毫陸絲
壹分貳厘捌毫肆絲叁忽伍微玖塵壹渺
無
壹百叁拾捌兩玖錢叁分肆厘
無

合計
田肆千肆百壹頃陸畝壹分捌厘貳絲陸忽
地肆百叁拾壹頃叁拾畝肆分捌厘貳毫叁絲
山貳千叁百玖頃玖拾壹畝叁分捌厘捌毫叁絲
蕩壹百貳拾捌頃壹拾玖畝壹分陸厘捌毫壹絲肆忽
肆萬捌千柒百陸拾柒兩捌錢肆分柒厘
陸千捌百玖拾壹石叁斗貳升叁合陸勺

加
銀壹拾叁兩肆錢五分九厘

無 銀無

徵
米無

徵米無

統計徵額
銀肆萬捌千柒百捌拾壹兩叁錢陸厘
米陸千捌百玖拾壹石叁斗貳升叁合陸勺

此件照錄紹興知事造送調查紹興縣田賦征收時期及其他事項表

調查紹興縣田賦征收時期及其他事項表

征收時期

元年分地丁上下忙開征截征日期

元年分地丁上下忙催征傳起訖日期

二年分地丁上下忙開征截征日期

二年分地丁上下忙催征傳起訖日期

元年分抵補金上下忙開征截征日期

元年分抵補金上下忙催傳起訖日期

二年分抵補金上下忙開征截征日期

二年分抵補金上下忙催傳起訖日期

向例地丁抵補金旺征期間

其他應行調查之事項

地丁抵補金是否分串征收抑係併串加蓋戳記

折價之外有無附捐其征收方法若何始自何年充何項公用

民間産業移轉除契紙外有無官廳所給印串印照其推收過戶慣例若何光復後有無舉辦

産之價值

産之收益

上忙於七月十日開征　下忙於十月十一日開征

催傳手續並未寔行

上下忙合併於七月四日開征

自七月四日開征起至十二月二十一陸前任交卸前一日止並未寔行催傳手續知事到任後接續開征酌定以三年三月一日起至末日止為督促期間寔行催傳

上下忙合併於二年二月二十二日開征

催傳手續業寔行

二年十二月二十一日陸前知事交卸以前因串未造竣上下忙均未開征知事到任後督率趕造完竣於三年一月八日開征

三年三月八日起至四月七日此為督促期間寔行催傳

地丁抵補金旺征期間向在舊歷年終

地丁抵補金係屬分串征收

元年分地丁每兩折收正稅洋二元二角四分三厘又帶收自治附捐錢八十文匯閘經費錢七十文濬荒特捐錢五百文二年分地丁每兩折收正稅洋二元二角四分又帶收自治附捐

紹邑民閭產業賣買向例先向莊書擊取推旂（即印串）然後成交並於莊冊內推除過戶先復後莊冊追帛入官先設課稅事務所旋即停辦推收事宜停滯錢及兩年知事到任後察度情

依普通價格每田一畝值洋七八十元每地一畝值洋四五十元每山一畝值洋二三十元每蕩一畝值洋一二十元如遇有特別需要以及荒瘠不毛之產則價值互有低昂不可以常例

收益與產價大約為十與一之比例無大上落

錢八十 形於驗 論
文塘閘 契所内
經費錢 附設推
七十文 收股訂
備荒特 定條例
捐錢三 尅期舉
百六十 辦呈報
文元年 在案
分抵補
金每石
折收洋
三元不
收附捐
二年分
抵補金
每石折
收洋三
元又帶
收附捐
洋一元

備考

充作嬰堂習藝所同善局等經費之用

此件照錄紹興知事造送調查紹興縣民國二年應徵賦額暨科則明細表

調查紹興縣民國二年應徵賦額暨科則明細表

産別	細則	畝分	每畝科徵 銀	每畝科徵 米	銀米率共計 銀	銀米率共計 米
山陰田	鑑湖鄉田	一十二萬九千七百十七畝六分九厘八毫四絲三絲八忽	一錢五分四厘四	二升五合五勺五抄一撮	一萬九千九百八十二兩七錢五分二厘	三千三百一十四石四斗一升七合
田	中鄉田	二十九萬四千九百十一畝三分二毫三絲六忽五微	一錢三分七厘七毫六絲七忽	二升二合三抄二撮	四萬六百二十九兩四分六厘	六千四百九十七石五斗三升一合
田	下則田	二萬六千七百二十三畝八分三厘八忽	一錢三分四厘三毫四絲三忽	二升一合一勺一抄七撮	三千五百九十兩一錢六分八合	五百六十四石三斗二升
田	山鄉田	二萬四千三百畝九分四厘九毫一絲四微	一錢一分四厘三毫四絲三忽	一升五勺五抄八撮	二千七百九十兩三錢三分三厘	二百五十六石五斗六升八合
田	江北鄉田	九萬二千九百九十三畝七厘六毫七絲三忽二微	一錢四厘一毫四絲	一升五合一勺三抄四撮	九千六百八十兩九錢五分二厘	一千四百七石三斗五升七合
田	天樂鄉田	五萬五千二百九十七畝八分七厘五毫七絲八忽	七分七厘一毫二絲五忽	九合八撮	四千二百六十四兩八錢四分九厘	四百九十八石一斗二升四合
田	灶丁	四千七百六十一丁七分八厘九毫八絲	九厘一毫三絲一忽	二勺一抄一撮	四十三兩四錢七分七厘	一石四合
田	學田	七十二畝六分八厘九毫八絲	四分八毫二絲四忽	無	二兩九錢六分八厘	無

田	江沙田	一千六百一十八畝三分五厘四毫四絲三忽	一錢七厘一毫二絲五忽	無	一百七十三兩三錢六分七厘	無
田	中沙田	三千八百四十一畝三分三厘七毫八忽	一錢一分六厘一毫五絲三忽	無	四百四十六兩一錢八分三厘	無
田	沙税田	七百三十六畝二分七厘一毫五絲五忽	三分七厘六毫一絲四忽	無	二百二十六兩九錢四分二厘	無
田	沙田	一畝六厘五毫	三分七厘	無	三分九厘	無
田	沙佃田	一百九十四畝六分九厘八毫五絲	二分七厘五毫八絲四忽	無	五兩三錢八分一厘	無
田	芽沙田	一十九畝七分八厘	三分七厘一毫一絲三忽	無	七錢三分五厘	無
田	沙塗田	二百二十九畝一分六厘一毫八絲一忽	三分五毫九絲三忽	無	七兩一分一厘	無
田	納價田	三分六厘五毫	二分七厘	無	一分一厘	無
田	中價田	一畝四分二厘九毫	二分七厘五毫八絲四忽	無	四分	無
田	中溜併溜田	二畝四分七毫	五分五厘七毫六絲九忽	無	一錢三分五厘	無

會稽田	上田	一十七萬九千七百一畝五分一毫八絲八忽	一錢四分二厘八毫一絲一忽	一升九合五勺六抄四撮	二萬五千六百六十三兩三錢五分二厘	三千五百一十五石六斗八升一合
田	中田	二萬九千七百六十五畝一分六毫六絲三忽	一錢三分八厘四毫三絲	一升九合五勺六抄四撮	四千一百二十兩三錢八分四厘	五百八十二石三斗二升五合
田	下田	一十萬七千七百八十六畝三分八厘三毫六絲	一錢三分四厘四毫七絲七忽	一升九合五勺六抄四撮	一萬四千四百九十四兩七錢九分	二千一百八石七斗三升三合
田	二升北折田	一萬一千一百九十二畝三分二厘	一錢二分四厘八毫四絲一忽	一升七合四勺五抄	一千三百九十七兩二錢六分一厘	一百九十五石三斗六合
田	二升上北折田	一千四百二十二畝六厘	一錢二分六厘三毫二絲五忽	一升六合一勺八抄二撮	一百七十九兩六錢四分二厘	二十三石一升二合
田	三升北折田	一千三百一畝六分三厘五毫九絲	一錢一分八厘六毫四絲九忽	一升四合六勺七抄三撮	一百五十四兩四錢三分八厘	一十九石九升九合
田	四升北折田	八百七十七畝一分八厘四毫八絲	一錢一分六厘六毫二絲五忽	一升三合七勺七撮	一百二兩三錢二厘	一十二石二升四合
田	四升上北折田	五千四百九十七畝三分四厘一毫三絲	一錢一分七厘八毫六絲八忽	一升二合六勺八抄	六百四十七兩九錢六分一厘	六十九石七斗七合
田	五升上北折田	八千二百八十二畝七分一厘六毫七絲	一錢二分二厘五毫四絲四忽	一升一合五勺三抄三撮	一千一十四兩九錢九分八厘	九十五石五斗二升五合
田	七升北折田	二千三百九十六畝七厘三毫九絲二忽	一錢六厘七毫七絲一忽	九合三勺五抄九撮	二百五十五兩八錢三分二厘	二十二石四斗二升五合

田	山海鄉田	七萬四千三百三十九畝三分五厘六毫九絲	九分七厘四毫五絲一忽	無	七千二百四十四兩四錢四分五厘	無
田	墾山田	一十六畝八分九厘七毫	七分五厘三毫三絲二忽五微	無	一兩二錢七分三厘	無
田	山患田	七千二百二十二畝四分八厘七毫六絲	二分九厘六毫一絲七忽	無	二百一十三兩九錢九厘	無
田	海患田	八千六百八十五畝一分四厘四毫七絲三忽	六分三厘四絲四忽	無	五百四十七兩五錢四分七厘	無
田	新墾患田	九畝七分九厘八毫三絲	二分四厘一毫四絲九忽	無	二錢三分七厘	無
山陰地	湖中地	三萬四千五百三十六畝三分七厘三毫九絲忽三微	五分五厘七毫六絲九忽	無	一千九百二十六兩五分九厘	無
地	山地	七千六百二十七畝八分五厘四毫九絲八忽六微	五分三厘六絲一忽	無	四百四兩七錢四分二厘	無
地	江地	五千三百一十四畝八分三厘三絲八忽	四分二厘三毫二絲八忽	無	二百二十四兩九錢六分七厘	無
地	天地	八千七百四十九畝九分六毫五絲八忽	二分五厘八毫七絲九忽	無	二百二十六兩四錢三分九厘	無
地	中江沙地	四百八十五畝五分二厘四毫五絲九忽	四分二厘三毫二絲八忽	無	二十兩五錢五分	無

地　沙佃地	一百九十二畝四分五厘六毫九忽	二分二厘五毫六絲九忽	無	四兩三錢四分四厘	無
地　沙稅地	八百九十四畝六分五毫五絲四忽	二分五厘七絲六忽	無	二十二兩四錢三分四厘	無
地　沙塗地	三百六十六畝九分五厘一毫七絲	二分七厘八絲七忽	無	九兩九錢三分八厘	無
地　中價地	六分七厘	二厘五毫七絲六忽	無	一分七厘	無
地　江價地	六分二厘八毫	九分四厘三毫八絲七忽	無	六分	無
地　墾　地	三畝九分一厘四毫	一分二厘九毫五絲一忽	無	五分一厘	無
地　水浦地	三十五畝	二分五厘七絲六忽	無	八錢七分八厘	無
會稽地　上　地	一萬二千六百三十六畝五分三厘二毫八忽	五分五厘四毫四絲三忽	九合七勺七抄一撮	七百兩六錢八厘	一百二十三石四斗七升二合
地　中　地	一千一百三十一畝六分九厘一毫四絲	五分三厘五毫三絲五忽	九合七勺七抄一撮	六十兩五錢八分五厘	一十一石五升八合
地　下　地	九千八畝四分二厘三毫二絲二忽	五分三厘三絲三忽	九合七勺七抄一撮	四百七十七兩七錢四分四厘	八十八石二升二合

地	全荒地	一千六百一十畝三分九厘五毫三絲	一分三厘二毫五絲二忽	無	二十一兩一錢八分	無
地	山地	一萬八千六百四十五畝二分三厘九毫一絲	一分六厘七毫六絲六忽	無	三百一十二兩六錢六厘	無
地	新墾山地	二十九畝六分七毫	一分二厘九毫五絲一忽	無	三錢八分四厘	無
地	鈔地	六十八畝五分九厘六毫	九毫	無	六分二厘	無
山陰山	山	七十七萬八千七百五十二畝九分七厘九毫五絲忽微	四厘五毫一絲四忽	無	三千五百一十五兩二錢八分七厘	無
會稽山	折山	一十七萬五千八百八十八畝七分四毫三絲	四厘六毫一絲八忽	無	八百一十二兩二錢五分四厘	無
山	闞山	五萬五千一百二畝二分四厘六毫	五厘二絲	無	二百七十六兩六錢一分四厘	無
山	新墾山	四分三厘八毫	三厘五毫	無	二厘	無
山陰蕩	蕩	六萬千八百七十四畝一分厘五毫九絲八忽	八厘五毫二絲六忽	無	五百二十七兩五錢四分	無
會稽蕩	鈔蕩	一萬八百一十七畝三分七厘九毫六絲	一分三厘三毫五絲三忽	無	一百四十四兩四錢四分五厘	無

蕩	米蕩	一千一十畝七厘三毫	二分四厘八絲八忽	四合一抄六撮	二十四兩三錢三分一厘	四石五升七合
山陰池	湖中池	二千二十四畝七分八厘二毫三絲六忽	五分二毫五絲二忽	無	一百一兩七錢五分二厘	無
池	山池	三百二畝九分一厘七毫六絲	四分九厘五毫五絲一忽	無	一十五兩一分	無
池	江池	六百三十三畝五分二厘八毫八絲	三分八厘一絲五忽	無	二十四兩八分四厘	無
池	天池	二千一百八十五畝七分五厘五毫	二分一厘一毫六絲四忽	無	四十六兩一錢六分一厘	無
塘	中溜塘	五畝八分六厘二毫	四厘五毫一絲四忽	無	二分七厘	無
河	塘河	二十畝二分一厘一毫八絲	八厘五毫二絲六忽	無	一錢七分三厘	無
漊	漊	一畝七厘三毫	八厘五毫二絲六忽	無	一分	無
漊	江漊	三畝五分五厘五毫八絲	八厘五毫二絲六忽	無	三分一厘	無
會稽池塘漊	池塘漊	九百九十一畝七分一厘五毫五絲四忽	一分七厘七毫五絲五忽	二合五勺七抄八撮	一十七兩六錢八厘	二石五斗五升七合

總　計　一千四萬七千九百八十一兩五錢九分五釐　一萬九千四百三十石八斗五合

備

按紹興縣係山會兩邑合併賦額繁重田地山蕩池塘河漊等科則尤為紛賾辨理征收之難甲於他縣前清洪楊之亂兵燹所及冊卷蕩然魚鱗柳條等冊悉遭燬失加以人民遷徙流亡百不存一燹後清理田賦僅憑粮戶開報未加查丈其中以多報少隱熟作荒勢所不免兼有荒丁絕戶無人報完從此種種原因以致錢糧歷有短征其中欠戶絕戶同為不完之戶究竟某為欠戶某為絕戶舊日征冊並未註明無從釐剔上年經俞前知事按照自治章程第二十二條作為諮詢事件咨准縣議會議復俟登記所登記完畢後就登記各戶按戶清查除係遺漏者仍令登記外凡屬無人承認之戶自在荒丁絕戶之列由縣呈報於應征原額內剔除等由呈奉　前財政司長批准有案嗣登記停止改辦驗契民間賫契投驗固不乏人而未經請求登記及驗契者尚占多數所謂荒絕仍

難剔除欲為清理粮賦之計惟有先從整頓征粮入手得寸得尺其實在無征者為真正荒丁絶户釐為一冊呈報剔除如是方能約每年確實應征之數其詳細辦法俟妥籌擬定另呈辦理亦經知事呈明在案本表現照舊山會兩邑錢粮科征冊將原有賦額科則不分成熟荒絶彙列一表先行呈送容俟清理就緒再行分別補

考

造各表送核再表列應征銀米各總數核與造送各月報表冊所列額征之數稍有參差應請以現報為準理合說明

田賦

稟陳抽收塘捐

日前蕭山縣余令稟陳藩憲謂抽收租捐充作修塘經費應否挪借積穀捐款詳細察核示遵等情茲奉憲批據稟請將西江北海兩塘籌建石塘經費仍出行按畝帶捐並議先行借動積穀存款各等情均為思患預防移緩就急辦法情該處塘工保障山會蕭三邑田廬向係會商核辦究竟現擬改建石塘盤頭應需經費若干歷年畝捐生息尚存若干應否悉數提用專就不敷之數再行徵集畝捐並刻下如何借撥公款濟用必須通盤籌畫以臻妥善此案前據沈守具稟即經電飭該管知府督同三縣會紳勘估籌修據稟前情仰候核入前案一併查議稟復營奪見宣統元年六月廿一日紹興公報

隨糧帶收積穀塘工捐之詳文

山會士紳日前具稟府署請於本年仍隨糧帶收積穀塘工兩項捐錢曾誌前報玆悉府憲溥太守已據情具詳上憲其文如下爲詳請事本月間據山會兩縣紳士聯名稟稱隨糧帶收積穀塘工捐錢際此民力艱難倘塘有餘錢倉有餘穀正宜留民休息何忍再辦捐輸無如宣統二年辦理平糶後豫倉積穀顆粒無存上年秋收雖不十分歉薄惟山會民食向恃外運今因蘇運扣留嚴運被截來源枯竭以致米價騰貴值此新穀甫登地方情形已覺恐慌倘青黃不接勢有可虞屆時開辦平糶更在意中至於塘工北海西江險工疊出勢正岌岌亟修堵築需款甚殷東塘議掘沙嘴以厚塘堤經費亦鉅倘不先事綢繆臨時將何措手紳等一再公

同籌議惟有仍照原案每畝隨糧帶收積穀錢二十文塘工錢十文併計捐錢三十文於宣統三年再行展办一年塘工籌備不得移作别用限滿察看情形但可勉强支持即当停收以紓民力叩請轉詳立案等情到府據此知府伏查積穀係備荒要政固宜未雨綢繆塘工需款甚殷亦不能不寬為籌備既經該紳等一再會議衆謀僉同自應准如所請將前項畝捐仍照原案於宣統三年再行展办一年以濟民食而顧要政云 以上見辛亥年二月十五日紹興公報

抽收租捐充作修塘經費

西江北海兩塘攸關山會蕭三縣田廬保障泥塘岌岌可危非建造石塘盤頭不足以捍禦漲汛惟需費浩大無從措錢現由蕭邑紳董公同集議擬令塘内業户佔及水利之鄉每一畝捐穀二升照市價每升折錢二十五文由縣隨糧帶收年可得錢萬一千串左右自宣統二年起一年為限惟塘工急須開辦塘捐須俟來年帶收深恐緩不濟急議將今年上下兩忙所收積穀捐一萬一千餘串先行挪借濟用依來年收起塘捐即行歸還業經邑尊余大令稟請省台核示見宣統元年六月初九日紹興公報

•咨復知事征收正稅年度採用習慣文•

紹興縣議会為咨復事元年十二月二十日准

貴知事咨紹興完粮習慣上忙以陰曆五六兩月下忙以陰曆十一十二兩月為旺徵之期若照法案限以陽曆諸多窒碍已呈奉

財政司長批准以明年正月末日為下忙截征期限合具議案咨會囑即議復等因准此當經配布会議查征收年度自應採用習慣既經

貴知事呈奉

司批照陽曆以來年正月末日為本年下忙截征期限應即遵照辦理表决通過相應咨復

貴知事查照施行此咨

紹興縣知事陸

見紹興縣議會民國元年第一次議決案

征收元年下忙地丁議定書（附預算表四紙）

紹興縣知事今于民国元年十二月二十日依

都督公布浙江省地丁征收法議決案召集紹興縣議会開会議

定征收公費預算及小銀元銅元價目列于左

一征收公費洋三千三百十六元六角六分

一小銀元一角作大洋八分九厘

一銅元一枚作大洋八厘

紹興縣議会議決民国元年下忙徵收公費預算表一

城櫃員役	員役額	每人月支薪膳	合計月支	下忙宴支	職務
主任員	一	三〇、	三〇、	一一〇、〇〇〇	監察城鄉各櫃一切職務總理征收事宜
審計員	一	二〇、	二〇、	七三、三三三	集城鄉各櫃之日繳征款彙核報告知事及財政科並將征款彙繳會計處

督櫃員	二	一六、	三二、	一一七三三三	督率兑收員以免对于花户到櫃納税有互相推諉之弊
登計員	八	一二、	九六、	三五二、〇〇〇	掌征收暨製串之登記及製給收條並日繳征款于審計員
管串員	八	一〇	八〇	二九三、三二四	管理書票憑所繳之製串登記簿裁製串票交給檢查員及寄遞鄉櫃
檢查員	六	一〇、	六〇、	二〇、〇〇〇	檢理製出串票憑花户之收條隨時換給並查照製串簿加蓋已完銷戳于征收底册所有粮串報单每于月終檢集彙繳財政科並檢查逾限不完之户開单飭催並于旺征時協助別項職務
甲等兑收員	二	一二、	二四、	八八、〇〇〇	專管大批花户到櫃納税之完全手續
乙等兑收員	一六	八、	一二八、	四六九、三二四	掌兑收事宜
催征公役	一六	六、	九六、	三五二、	專催城鄉花户之未完事
雜務公役	二	六、	一二	四四、	專供什差

總計　　五七八、二二九、三一四

備

(一)下忙陽曆十月十一日開征二年正月末日截止以一百一十日計算

(二)催粮工役下鄉除傳費查照征收法第十四條辦理外其普通飭催下鄉川飯在預備費項下酌給(酌給條例另行規定)

(三)下忙旺征在本年十二月暨二年正月臨時酌添兑收八員以兩月為度

(四)上忙所定職員以之分配職務未甚遑當就事宜上量為變更增删之並將職務大概叙入表内

考

紹興縣議会議決民国元年下忙征收公費預算表二

鄉櫃項別	督櫃員數	登記員數	兑收員數	公役名數	下忙實支
柯橋	一	一	三	一	一〇四、
臨浦	一	一	三	一	一〇四、
安昌	一	一	二	一	八八、
湯浦	一	一	二	一	八八、
馬安	一	一	一	一	七二
車頭	一	一	一	一	七二
王壇	一	一	一	一	七二
瀝海所	一	一	一	一	七二
每人月支薪工	一二、	一〇、	八、	六、	
合計月支薪工	九六、	八〇、	一一二、	四八、	統計六七二

（一）各鄉櫃開征以至截數兩個月為限員役薪工亦照兩個月計算惟開征先之預備截數後之交代至少非十日不辦應分為設櫃征收五十日其餘十日作為預備交代時期但撤櫃時經征事件有應延長時代日者負役亦得酌給膳資于預備費項下支給

（二）原表各鄉櫃不設催粮公役應于鄉櫃未出發以前檢查鄉櫃底冊將逾限不完之户飭役催完仍由公役于鄉櫃出發之後隨時与各鄉櫃查對花户之已完未完等語查紹地習慣向以上下忙併完者居多間有分忙完納其數甚少若照原表声叙辦法殊失將完之本意抑且多費手續應以鄉櫃開征一月有未完者再行飭催

紹興縣議會議決民国元年下忙征收公費預算表三

項別	房租	雜用	筆墨紙張油硃	有稅解費	置備銀元箱	下忙寔支
城櫃		七三三三三				七三三三三
柯橋	一二	一〇				二二
臨浦	一二	一〇				二二
安昌	一二	八				二〇
湯浦	一二	八				二〇
馬鞍	一二	八				二〇
車頭	八	八				一六
王壇	八	八				一六
瀝海所	八	八				一六

合計　八四　一四一、三三三　一〇〇　二〇〇　五二五、三三三

備考

（一）房租雜用每月支出額數均照上忙認定額數城櫃以十月十一日開征至二年正月末日計算鄉櫃以兩個月為限

（二）筆墨紙張油硃費上忙認決全年二百元上下忙各半分支

（三）省稅解費上忙議決全年四百元上下忙各半分支上忙預算表內已列支二百元今下忙預算未便仍列四百元應減為二百元如上忙並未解過款項是項解費當然存在應俟上忙決算後再議

（四）置備銀元箱費三十二元已列上忙預算表內未便重列

如上忙未盡置備款固存在應俟上忙決算後再議

紹興縣議会議決民国元年下忙征收公費預算表四

費別	數別	摘要
城櫃員役薪工	二一一九、三一四	詳見第一表
鄉櫃員役薪工	六七六	詳見第二表
城鄉櫃雜支等項	五二五、三三三	詳見第三表
預備費		
合計	三三一六、六六	

(一)征收手續俞前知事開辦迫促辦事又易生手以致舛誤良多下忙盤查整理自不可緩另派專員費用亦不可少

備

應在預備費項下支出但須預先提交議决

㈢豫備金上忙議定全年三千元已列上忙表内下忙未便重列俞前知事經征未久動支三百四十元作何用途未見銷册無從稽核應請知事向俞前任交涉辦理

李

㈢其他各項簿册費上忙議定全年一百五十元俞前任並無移交亦請知事自向交涉

以上見紹興縣議会民国元年第一次議決案

咨復知事完粮由單呈請轉請免用文

紹興縣議會為咨復事十月十五日准

貴知事咨以敝会議決請免用由單一案經俞前知事呈奉

財政司長胡批與法案不符令即赶速辦理

貴知事因是項由單手續繁重本年下忙赶辦不及或俟民國二年遵照憲行備文諮詢囑即議復等因准此查由單一項原屬前清舊制嘉禾各縣行之已久其納稅時必須先領由單然後憑條單換串無單則雖確係本人親自赴櫃不得完納書吏藉此勒索使用費必俟飽其慾壑始得給發兼且各莊書吏散處城鎮市墟村落人民追蹤尋覓非特耗費金錢抑亦虛糜時日是項由單係前清之弊政也光復後臨時省議会定為法案雖各縣多已奉行查

其奉行辦理有由官所分給者有託各自治團体按區分發者無如置産之人非均在本區之內産業年有出入業戶年有變更戶名則年有改易該業戶之住處未能盡悉其勢難以按戶分到甚有閣置不發或仍繳官廨隨串坿給者似此徒費手續無裨事寔在前清為秕政在民国為贅瘤現值百務更新寔事求是何必多此一紙空文為耶既承奉令交議僉謂上忙均從寔際着想並非故違省議業以不用為便自應仍照前議辦理茲准前因相應咨復

貴知事請煩查照轉呈施行此咨

紹興縣知事陸

見紹興縣議会民国元年第一次議决案

征收

●審核小銀元銅元議價並非不遵定章揭明理由書●

縣知事以議決征收地丁案內小銀元銅元價目未符定章具備意見書提出于議會茲查照來函逐條審核揭明如左

查定章征收地丁准搭配小銀元銅元者原為便民起見惟以牌價日有不同故又有于開征一月前照牌價議定劃一價目之規定是以決議時參照市情議定三價投票公決佔多數者小銀元每角八十八文銅元每個八文現時核計雖嫌價值稍昂查近年小銀元牌價大都在九分左右並無在八四以下者況征收地丁非數月所能竣事安知征收期內小銀元銅元之價值不高昂于今日議定之數目乎原書謂應以會議日之牌價為標準章程內並未明白規定至謂抬價浮納尤屬擬不于倫蓋以價由議會公

議並非民人自掐若以此為浮納設或小銀元銅元價目增加民間萬不能于定價之外稍有請益縣中豈非抑價征收乎本縣地丁票串雖有四十五萬張然未必戶戶殊名又未必盡在上忙完納即有耗折斷不至萬餘元之多如謂新幣造而舊幣減價不知鑄造新幣尚在何日開征上忙在即可無庸提及盖價目既須劃一盈絀在所必有而此盈絀之數究應如何酌結章程内未經規定知事正不妨請示遵行較為正辦何必緦緦過慮尤有進者查議會細則第二條凡會議須有縣議會議員過半數到會議決行之又第三條會議時縣知事為議長又第四條會議以記名投票決之可否同數取決於議長又第五條違背前三條之規則決定時其議決為無效各等語是以會議前案時知事曾經蒞會就議

長席到會員議員三十四人已過半數其議定時亦係投票公決並無不遵當之可言亦与章程法律毫無違背且知事當場並無異議案已確定豈能再有變更況縣中之收支如何方為適當知事籌之已熟如其以議員議定之價目為不然當時儘可陳述意見何以默無一言直待決定後復創覆議之舉而藉口于議定書之未成要知議定書係會議決定後之手續不得因其尚未作成而謂可將議決之案推翻覆議是即違背章程難以遵辦原書所引縣自治章程第五十五條之規定係指别項議事而言現議之案知事係屬議長有發言表決之權与别項議事不同故章程內必以知事到會議決為有效現既知事到會議決其不能作為無效可想而知是否之處合將審查緣由凑斷指明仍請

公佈决行

征收上忙地丁議定書（附預算表五張紙）

紹興縣知事今于民国元年六月十一日依

都督公布浙省地丁征收法議决案召集紹興縣議會開會議定

征收公費預算及小銀元銅元價目列于左

一征收公費洋九千一百九十元六角

一小銀元一角作大洋八分八厘

一銅元一枚作大洋八厘

完納錢粮應先給收條案

一收條用雙聯一聯存根一聯給花戶齊縫編號加章根上註明

收到某々戶等完納地丁等税洋若干元限　日換串于某年月

日給某〻收執字様一聯給花户填明收到某〻户等（祇填一户毋庸全寫猶以備遺失時跟向拾票之人）完納地丁等税洋若干元限幾日後持條換串（日期擬定于後）未填年月日某櫃條字様並加蓋圖章

一完粮三户以上者概給收條一紙限七日後持條換串毋得留捺一户二户者應當日給串萬一旺征時不及掣串亦得由櫃先給收條以便持條換串

一查花户雖有四十五萬之多應給收條者大約至多不過十分之四計以印雙聯收條十八萬張每百張裝訂一本每本紙張印工等以六分四厘計算合洋一百十五元二角（中號毛鹿紙每刀價洋五角計一百四十六張每張可開雙聯票十一張每

紹興縣志材料

本约需紙價二分八厘印刷工約需三分六厘以此核算適符
上数木板木戳印色等所費無多似可在雜用項下核實開支
毋庸另列

一如經議會表決後呈請　知事出示通告城鎮鄉人民一体知

悉

收條圖樣

根存　今收到　坊村　完納　等地丁等税計洋

元　角　分　厘定七日後收條换串

民国元年　月　日付　收執

字第　號

櫃收　今收到　等戶完納地丁等税計洋　元　角

分釐七日後持條換串此條便民而設不收分文

民国元年　月　日紹興縣　櫃條

長約四寸五分寬約每聯二寸五分

紹興縣議會議決上忙徵收公費預算總表一覽

費别	數别	摘要
城鄉櫃員役薪工費	二千一百三十元	城櫃三個月一千四百五十八元鄉櫃二個月六百七十二元詳見第二第三表
城鄉櫃開辦及常用費	八百七十二元	修理城櫃一百元鄉櫃共一百六十元置備器具城櫃二百四十元鄉櫃共一百六十元雜用城櫃六十元鄉櫃共六十八元房租鄉櫃共八十四元詳見第四表
征收需用品製造費	三千一百八十八元六角	造田賦冊一千另八元底冊一百六十八元六角串票一千五百三十元其他各項簿冊一百五十元筆墨紙張油硃一百元置備銀元箱三十二元解費二百元詳見第五表

關於征收之預備費	三十元	預備費爲全年征收公費預算不敷之用
共計	九千一百九十元六角	

備考　右總表開列各款係彙集各分表之數其細則詳見各分表本屆上忙征收公費預算計九千一百九十元六角依現表所列費用而增減之假定本年上下兩忙征收公費預算約在一萬二千八百四十五元

紹興縣議會議決上忙徵收城櫃員役薪工預算分表二

員役別	額數	每月薪膳	本屆上忙實支	摘要
管理	一員	三十元	九十元	
稽核	二員	四十元	一百二十元	稽核二員每員薪膳二十元
正收支	一員	二十元	六十元	
副收支	一員	十四元	四十二元	
掌票	八員	八十元	二百四十元	掌票八員每員薪膳十元

庶務	一員	十元	三十元	
典櫃	二員	三十二元	九十六元	城鄉分兩櫃，典櫃每櫃一員，每員薪膳十六元
登記生	八員	九十六元	二百八十八元	登記生兩櫃共八員，每員薪膳十二元
兌收生	十六員	一百二十八元	三百八十四元	兌收生兩櫃共十六員，每員薪膳八元
工役	六名	三十六元	一百零八元	工役兩櫃共六名，每名工食六元
共計	卅員 六名	四百八十六元	一千四百五十八元	

備

城櫃係收稅總机關，議決長年設櫃，為便利納稅起見，員役薪工每月應支四百八十六元，惟本年上忙征收開始已在陽曆五月，全年應作八個月計算，城櫃按上下忙分派，上忙勻分三個月，下忙五個月，表列實支總額一千四百五十八元，即係上忙三個月支出之數

查

紹興縣議會議決上忙征收鄉櫃員役薪工預算分表三

櫃別	員役別	額別	每月薪工	本屆上忙實支	摘要

	典櫃	一員	十二元	二十四元	
柯橋	登記生	一員	十元	二十元	
	兑收生	三員	二十四元	四十八元	兑收生每員薪膳八元
	工役	一員	六元	十二元	
臨浦	典櫃	一員	十二元	二十四元	
	登記生	一員	十元	二十元	
	兑收生	三員	二十四元	四十八元	兑收生每員薪膳八元
	工役	一名	六元	十二元	
安昌	典櫃	一員	十二元	二十四元	
	登記生	一員	十元	二十元	
	兑收生	二員	十六元	三十二元	兑收生每員薪膳八元

工役　一名　六元　十二元

湯

典櫃　一員　十二元　二十四元
登記生　一員　十元　二十元

浦

兌收生　二員　十六元　三十二元　兌收生每員薪膳八元
工役　一名　六元　十二元

馬

典櫃　一員　十二元　二十四元
登記生　一員　十元　二十元
兌收生　一員　八元　十六元

鞍

工役　一名　六元　十二元

車

典櫃　一員　十二元　二十四元
登記生　一員　十元　二十元

頭
兑收生	一員	八元	十六元
工役	一名	六元	十二元

王壇
典櫃	一員	十二元	二十四元
登記生	一員	十元	二十元
兑收生	一員	八元	十六元
工役	一名	六元	十二元

瀝海所
典櫃	一員	十二元	二十四元
登記生	一員	十元	二十元
兑收生	一員	八元	十六元
工役	一名	六元	十二元

共計	三十八員名	三百三十六元	六百七十二元

倫　各鄉設櫃征收稅捐議決上下兩忙設鄉櫃八處各兩月表

考　列員役薪工以上忙兩個月共計六百七十二元

紹興縣議會議決上忙征收城鄉櫃費用預算分表四

櫃別	修理	置備器具	房租	雜用	共計
城櫃	一百元	二百四十元		六十元	四百元
柯橋櫃	二十元	二十元	十二元	十元	六十二元
臨浦櫃	二十元	二十元	十二元	十元	六十二元
安昌櫃	二十元	二十元	十二元	八元	六十元
湯浦櫃	二十元	二十元	十二元	八元	六十元
馬鞍櫃	二十元	二十元	十二元	八元	六十元
車頭櫃	二十元	二十元	八元	八元	五十六元

王壇櫃　二十元　二十元　八元　八元　五十六元

瀝海所櫃　二十元　二十元　八元　八元　五十六元

總計　二百六十元　四百元　八十四元　一百二十八元　八百七十二元

城櫃內分兩櫃修理置備器具雜用三項均應兩櫃各半勻分惟雜用每櫃每月十元共二十元本屆上忙開征已在陽歷五月應以三個月計算共六十元修理及置器城鄉均係全年計算柯橋臨浦安昌湯浦馬鞍五鄉櫃設在市場房租較昂每月各六元東頭王壇瀝海所三鄉櫃地處偏僻房租每月各四元表列之數係照議決案上忙設鄉櫃兩個月計算柯橋臨浦兩鄉櫃地方繁盛雜用比較其餘六鄉櫃酌增一元表列之數亦係兩個月計算表列修理置器兩款係全年計算

紹興縣議會議決上忙征收需用品經費預算分表五

經費別	數別	摘要
造田賦册紙張工費	一千零零八元	印工紙張每百張一角四分四萬五千張共六十三元繕校核算每張二分一厘共九百四十五元

造底冊紙張工費　一百六十八元六角　印工紙張每百張一角四分二萬二千五百張又加預備錯落更換一千五百張合共二萬四千張計三十三元六角又繕工每百張六角二萬二千五百張共一百三十五元預備更換之一千五百張不計繕工

造冊票紙張印工費　一千五百三十元　繕較蓋戳核算每百張二角四十五萬張共九百元印工紙張每百張一角四分四十五萬張共六百三十元

其他各項簿冊費　一千百五十元　一千五百本每本一角

筆墨紙張油硃費　一百元　全年二百元上忙匀半

解稅捐至省費　二百元　全年四百元上忙匀半

置備銀元箱費　三十二元　十六隻每隻二元

共　計　三千一百八十八元六角

備　按縣表有加捐蓋戳費支數無定又分配由單費一千八百元又工役催粮川飯費支數無定現經議決由單与絡地習

慣不適應免分配每百張可節省經費三分三厘以之抵補
加捐蓋戳有贏無絀工役催糧川飯費支數既難確定應寔
用寔銷与加捐蓋戳費均于决算時核寔開支以上三款故
不列入表格表列造田賦册底册串票及其他各項簿册均
于上忙期内編製完
脩下忙可不列開支

見紹興縣議事會民国元年第一次議决案

隨糧帶征濟荒特捐並附捐城鎮鄉自治經費暨塘閘費咨

縣執行文

紹興縣議會為牒請隨糧帶征特捐附捐各款事案查前清山會兩邑倉廩空虛救荒無術塘工危險歲修無資公議就田按畝派捐隨糧帶征在案茲查上年秋成收歉米價奇昂為從來所未見且自光復以後市面蕭條工商失業游手日多咽糠粃為幸福繼求糠粃而不得啼飢路側倒斃街頭所在皆是情形慘惻罄竹難書所有積穀公款歷年糶濟無存現象災荒不能不辦平糶欲辦平糶不能不先籌款查縣自治章程第七十七條救濟災變雖得募集公債此時錢典各商金融滯拙自顧不遑萬難籌此巨款祇得因時制宜作集腋成裘之計為衆擎易舉之謀爰請

知事出具洋銀一元至五十元印票合成六萬元循照上年平糶規則匀派城鎮鄉自治會各自具領分借現款查明貧户分别攤給所領印票准予完納本年上下兩忙正捐各税辦法雖與借債稍異而性質實與借債相同惟此項借款仍須公籌躲償為數過巨如前辦積穀每田一畝捐錢三十文斷不足以濟事議請每征正税銀一兩加捐錢五百文名為濟荒特捐另備印票遣串付給俟上下忙截數算清除扣還前借六萬元外如或有餘留備下年用款又塘閘時出險工歲修不得不備前辦每田一畝捐錢一十文山會正税科則約計有田七畝完銀一兩議請每年完正税一兩捐錢七十文核與前辦相倣天樂一鄉田地均在塘外向無塘捐仍請免收又城鎮鄉自治會經費公款公産可撥無幾且難普及

百端待理所費無資查有田納粮各户皆有選舉及被選舉之資格對于自治均有密切関係議請每完正税一両加捐正錢八十文統計一年捐數按城鎮鄉户口表匀計分配与塘閘捐合計共錢一百五十文核与城鎮鄉自治章程附捐不得過原征捐税十分之一數目相符以上所議各節均經表决通過為此牒請

知事查照出示曉諭一面諭知城鄉各櫃一律遵辦施行此咨

紹興縣知事俞

見紹興縣議會民国元年第一次議决案

紹興縣志採訪稿

啓復知事諮詢剔除荒丁絶户辦法文

爲咨復事五月二十八號准

知事照會案照浙省地丁征收法議決案第九條内開荒丁絶户向不完納者得據實呈明財政司于應征原額内剔除不准浮攤業户並于田畝清册内先行聲叙等語查紹興縣係以山會兩邑合併爲一從前分治時代歷年地丁民欠甚多近年迭次赦免其中欠户絶户同爲不完之户究竟某爲欠户某爲絶户舊册並不註明一時無從釐剔辦理清查費巨無出計將田畝清册先照舊册查造不致浮攤俟登記時開辦由有主各産業户登記完畢就未登記各户按户清查除係遺漏者仍令登記外凡屬無人承認之户自在荒丁絶户之例由縣呈報財政司于應征原額内剔除

並于田畝清册内補行声叙如此略分先後仍于原定法案無背而手續簡便需費較省似屬可行惟處事不厭求詳理合備述緣由照自治章程第二十二條作為諮詢事件具文照會縣議會查照議覆以便參酌辦理望速施行等由准此當經印刷配布公同會議查前時荒丁絶户稅額無着向歸粮差負担挪東掩西情弊百出日久弊深更屬無可究詰欲辦清查費重事繁亦復不易現擬辦法俟登記册開辦由有主各産業户登記完畢就登記各户按户清查係遺漏者仍令登記外凡屬無人承認之户自在荒丁絶户之例由縣呈報財政司于應征原額内剔除並於田畝清册内補行声叙事簡費省尚屬可行業經表決多數贊成相應咨復

知事查照施行此咨　紹興縣知事俞

見紹興縣議会民国元年第一次議決案

上中天樂鄉准予免捐塘閘費咨縣查案辦理文

紹興縣議會為咨請事五月二十五號參議員田明恕議員趙慶祚葛陛倫陳請天樂鄉應免塘閘捐案當經刷印配布公同討論查上中天樂鄉截出麻溪壩之外地勢頗低塘多田少雖係山鄉仍有湖水為患故設埂以保農田湖水氾濫保護修埂向係就地民間自辦未受公家補助塘閘之款歷未派捐自應循舊免派下天樂鄉劃歸蕭山縣前鄉與上中天樂鄉有别其塘閘捐向來是否一律帶征應請由縣查案辦理表決多數贊成相應抄録説帖咨請知事查照施行此咨

紹興縣知事俞

見紹興縣議会民国元年第一次議決案

小塘曹蒿等捐仍照舊章收取規定捐率咨縣執行文

紹興縣議会為咨復事五月廿二廿四兩准知事照会小塘捐曹蒿捐向于完納地丁時同時征收又會稽小塘捐自荒字號起至湯字號止計三十四號共田十五萬三千五百二十九畝七分二厘每畝征錢四文曹蒿田果珍菜殷湯五號共田一萬四千九百三十七畝七分七厘每畝征錢五文山陰塘捐偏徵效信等號江田載在莊册纂入板串或以畝計或以兩計均不知所由起惟按江田原額九萬二千九百九十三畝計之每畝得四文三毫七絲八忽有奇原為兩縣塘堤歲修並支給三江南邊洞及尖山浮橋歲修曹蒿捐給曹娥塘夫工食等項用款按年解府支給自應提交議決復縣核辦等由准此當將來文兩件

印刷配布公同會議應付審查茲經審查股逐一查明報告互相討論查小塘捐曹蒿捐前時府縣征解支給含糊與混莫可究向現既檔案不完則其中不寔不盡之處已可概見惟塘堤保障農田攸關水利是項捐款名目既為塘工歲修而設人民理應負担認為本年應捐之款第前時收支不明任意中飽槃此征收濫始

應請

知事切寔調查㈠東塘歲修動用是項捐款向縣何人經手每年有無額定一年歲修幾處用款若干是否確當㈡曹娥塘夫幾人工食歲支若干始自何時是項塘夫于事寔上有何關係㈢三江南邊洞夾山浮橋是否年年應修有無額定數目向縣何人領修㈣餘字號江田因何不在派捐之列㈤效信等二十號江田何以

来文与册不符(六)小塘捐為人民負担今後收支應如何取締以
免從前蒙混前列各條均請查明妥定答復至田畝科則既有不
同收捐亦當區别所有山陰册列之数才良知過必改得能莫忘
罔談彼短靡恃己長信等二十號江田每畝向征四厘三毫七絲
八忽有奇今改收捐五厘辰宿二號下田照舊每畝收捐二厘會
稽田荒湯二號照舊每畝收捐四厘曹蒿田果珍湯菜殷五號照
舊每畝收捐五厘以上均經表决多數賛成相應咨復
知事查照施行此咨
紹興縣知事俞

見紹興縣議会民国元年第一次議決案

登記所仍行開辦

紹興不動產登記所自開辦以來前往投税及登記者頗多踴躍稱故收數冠於全省近因財政部電令浙省不動產登記法業由中央交議請暫停止之文於是各業户均相觀望現聞此事曾於日前已有省電到紹仍令繼續辦理業於昨日由陸知事出示明白通告略云本月十八號奉都督令開轉奉財政部電開浙省不動產登記所及移轉税仍照前開辦望速宣布進行等因奉此合行出示通告各業户速即照章來所登記慎勿觀望自誤云

見民國元年十一月廿三日越鐸日報

紹興縣志採訪稿

田賦附户口二

兩浙鹽務調查録序　田賦二

鹽爲生民大用一日淡食則病大約每人月食四兩歲食三斤洸全國計之爲斤三倍於人乃食鹽之都數產地有海鹽井鹽池鹽淮鹽石鹽木鹽鹵鹽黑鹽紅鹽青鹽大約足供民食而止食繁則鹽亦繁天地之數皆視人息耗爲盛衰生民真萬物之宗主也榷鹽之法莫要於查產地之數與銷場之數兩者有正負消息之徵以商情覘敷之無餘藴矣漢世鹽鐵一論利病究矣晚近國稅勢不能舍鹽不榷今但當論其榷法善敗耳榷法之善無過化私爲官一法談議盈篋設施無聞何哉誠以人格日低心計愈雜上無綜覈之官下無不爭之民苟求足課不暇遠謀遂不得不授權於商而爲之役使夫至授樹於商則鹽非国有大爲民病遂爲擁護

紹興縣志采訪稿

私家之物畫地爲引破岸爲票析票爲釐於是設官分防緝私保商甘心於虎倀分富商餔餟之餘瀝於是僇辱追捕繁費紛然徵一耗百國民俱困矣夫鹽至以票爲商又失商之性情專爲姦利立之的矣嘗太息於清之季世若陶若曾之苟且也今欲一切更張之不外產地銷場兩端加之意而已籌產地之法有二曰就地徵稅曰立公司收鹽籌銷場之法有二曰按籍定數曰立公司配鹽如是但設兩種公司而鹽利已盡凡從前票商運商岸商皆可銷融於配鹽之公司從前引地課地釐地肩地住地皆可銷融於收鹽之公司公司之立以商本課餘維持之而受成於地方有司截然簡要昭然分明尚安得有偷漏滯銷之虞与闌支應付之煩化擁護私家之計爲推廣公益之謀收皆宜收銷亦宜銷永杜姦

歟豈不朗朗乎允哉同里徐君叔蓀任榷事於浙調查引地稅法綏綏有章爲表四十九爲圖二爲説十有六皆爲課稅謀也雖局於浙鹽一隅欲積蹞步以致千里則全國亦可推暨於此苟有公溥之吏平明之才挽旣涣之權奉之於国還之於民庶幾茲録其先導矣予故樂爲引之

浙東湯壽潛撰

紹興縣志採訪稿

兩浙鹽務調查録

總叙

鹽民食之一端也全國人民四萬萬而強以月食斤鹽計之當可五千萬石皆國税之所入銖兩而取之度無有夥於是者然而互數千百年鹽官之置如疊棊平準之書幾充棟卒之闤闠之負担已重國家之額帑無贏此何以故曰利集於商而税法不統一也於虖名稱之繁夥手續之瑣細障蔽之重疊章程之複雜孰有過於鹽税者然則去商而税遂可增益乎曰不可彼商者於鹽之利與有經驗者也某地之産數若干某地之銷數若干搨於官所者十之六安於緘默者十之四不能盡趍天下之鹽商而使之推鹽則夫所不言者方將視同鴻寶之書子若孫世世守之可以高枕

而坐享其利且夫政府度支有缺乏地方經費有支絀何一不取
償於鹽加課加釐附捐雜捐千條萬緒莫可究詰總之科稅多一
重名目則經商多一宗侵蝕食戶多一分困難而國帑所增加特
太倉之稊米耳生今之世雖操鹽政者盡人而使爲劉晏吾知其
終無濟於事何則各地之形勢不同銷數之暢滯互易民祇能直
接於商官祇能取償於商而商得以握全權而上下其手偶有支
絀則久課而退綱也否則席捲而逃沓不知其所之也若夫僻小
之區往往爲認包課而公家莫探其底蘊所以鹽商常致家鉅萬
欸
則欲恃官以清釐鹽法果操何術乎無已請先從調查入手必令
十一行省之鹺務株壓而析之產數銷數秋毫無遯情經商不得
美
售其欺然後釐定稅法雖仍假手於商人而得收美滿之效果兩

浙固產鹽之澳區也錫麒生質犢昧於茲事素未學究比來承乏
権務耳濡目染漸得端倪於是遂致力於調查雖咫聞寸見無不
掇拾冀當局者之瞭然於心目也因製為如干表偶或綴以圖說
總期浙鹺之現狀稍稍窺得其真際為異日改良之椎輪雖明知
罣一漏萬然不積跬步無以致千里彼夫愚公之移山精衛之填
海初亦不過簣土卷石而已錫麒竊獨有志於是它日苟有所聞
當賡續以既厥事若夫修改革之談逞胸肌之見尸祝越俎而代
謀則錫麒豈敢

中華民國元年十二月　日紹興徐錫麒叙

例言

一鹽稅之弊每由於名目紛歧地域界限各自區別引斤之多寡既殊稅率之重輕互異雖善於鉤稽者尠不目迷五色是編注意調查以明各地情形條分縷析庶幾窮源竟委得所會通

一龍門製表旁行斜上後世奉為金科玉律是編畧師其意以表為宗間或標以說明但取簡捷不尚辭費至於關津要隘非圖不顯者另附尺幅以便指掌可得

一兩浙鹽法志自前清同治以來尚無賡續然代遠年湮情形變遷爰是編就耳目所及仍以兩浙為範圍其間缺點在所不免將來繼續調查即當纂成二編以補茲編之漏略

一隸浙鹽場稽諸舊志由三十五併而為三十二再併而為二十

紹興縣志採訪稿

九今則蘇屬大場紛爭靡定雖部令明晰終當爲趙璧之歸然目前界域僅〻如是故茲編所列祇二十三場

一兩浙榷鹽名目有綱課引課躉課肩課住課之分茲依各項列表其有特别情形則列爲專表以清眉目

一是編單從課税上調查故於搽滷煎鹽諸手續概從闕略

一郡邑名稱代有沿革自民國肇造凡各府首縣類多合併如仁錢之改杭縣山會之改紹興縣在〻皆是然行鹽畛域多未更易是編[illegible]州縣悉仍舊稱非敢膠柱慮事實上或有牴觸耳

見兩浙鹽務調查録

兩浙鹽事場所局卡一覽表（摘錄）

鹽場	批驗所	局	卡
三江	紹	紹吳鹽稅局	
東江	興		
曹娥	批		
瀝海	驗		
	所		

備考

一本表所列各場係照浙省界內填列其蘇屬各場向隸兩浙近因蘇省爭劃尚未解決故不登入

見兩浙鹽務調查錄

兩浙鹽場界域區分表（摘錄）

場名別	所在地	距司里數	四至 東界	西界	南界	北界	延袤里數
三江	山陰陡亹鎮	一四〇	東江孫家園	錢清任家橋	山陰鹿山	海	二〇
東江	會稽北隸	一六〇	曹娥場	三江場	山會民地	山會沿海灘場	三五
曹娥	會稽曹娥鎮	二五〇	金山場	東江場	會稽民地	曹江	八〇
瀝海	會工瀝海所	二二〇					

備考

一　舊志浙屬範圍尚有蘇之橫浦浦東袁浦青村下砂頭

二　崇明等場現由蘇省爭劃表中故不登列

一　瀝海場向係緝私局改設

見兩浙鹽務調查錄

紹興縣志採訪稿

兩浙銷鹽各地一覽表節録

	綱地	引地	蠆地	肩地	住地
浙				山陰縣	
東				會稽縣	
紹					
府					

備考

一表列各地均屬浙鹽銷售範圍其按季完課者稱為綱地按引完課者稱為引地按斤抽蠆設局徵收者稱為蠆地但銷肩鹽不越本境者稱為肩地設棧售銷者稱為住地此外若漁鹽魚蠆引鹽等類概附蠆地格内

見兩浙鹽務調查録

紹興縣志採訪稿

兩浙綱釐肩住鹽斤定額表節録

產地別	引節別	正斤	加耗	包索	共計
紹蕭肩地	引	八〇〇斤	無	無	八〇〇斤

備考　一查姚晒私每板官收裁定為三百六十六斤每引合斤四百二十惟餘濟玉順兩㕔以三百七十三斤十二兩合引見兩浙鹽務調查録

紹興縣志採訪稿

兩浙肩盐引數課額一覽表（節録）

地别	年銷引數	每引斤數	每觔課數	繳課規定	總課數
山陰 會稽 蕭山	七千六十二分	八百斤	制錢四文	分前後半課前半課按季繳由紹局彙解請領引单護照填配後半課繳由錢清東江曹娥三場轉解紹局核收彙解	二萬五千一百六十串九百六十文

備考　一查山會蕭三縣課銀從民国元年八月起劃隸半官半商分辦另行組織局所經理收課事宜不解紹總局合併声明

見兩浙盐務調查録

杭嘉湖紹肩住各地徵稅一覽表節録

地別　盐別　正課　加價　加課　每引徵錢　每斤徵錢

山會蕭　肩、　商包　商包　商包　商包　商包

備　一　蕭三縣肩課向歸商包年納課錢九萬串不計引

斤　歸官辦

考

見兩浙盐務調查録

紹蕭肩塩課税官商分收款目按月比表較表

月別	場別	官商收課總數	官商支銷數	官商實解總數
元年十二月	西場	五、〇一〇元八三二	七〇七元八七八	四、三〇二元九五四
	場	四、五〇〇元	無	四、五〇〇元
二年十一月	場	五、八四五元四五六	一、〇〇九元九九七	四、八三五元四五九
	東場	四、五〇〇元	無	四、五〇〇元
二年十二月	西場	二、五〇六元九六	七五九元三三二	一、七四七元六二八
	東場	四、五〇〇元	無	四、五〇〇元
合計		一三、三六三元二四八	二、四七七元二〇七	一〇、八八六元〇四一
		一三、五〇〇元	無	一三、五〇〇元

一肩税官局始民國元年十二月由現辦委員孫保稟奉

前鹽政局長創設比較課數即以是年十二月為始

備考

一商認肩課由現辦商人周幼南承認

一西場課稅隸官局按月收解東場課稅隸認商按月預解

見兩浙鹽務調查錄

浙東肩鹽煎灶調查表

場屬	團名	所在地	灶數	歲產鹽觔
錢	新迎	溫瀆	三	
	戴家	戴家橋	一	
	龕山	龕山	六	六百五十萬片
清	瓜瀝	塘頭	一	
東江	新安	安城	一五	四百五十萬片
曹娥	賀東	瀝水	三	三百萬片

一肩灶有大小之別表列錢屬之四團團十一灶曹屬之

備

三灶均係大灶東屬之十五灶係小灶云

一浙東煎鹽分東西二場錢清各地屬於西場東江曹娥

考

各地屬於東場

見兩浙鹽務調查録

第十六表說明

按兩浙肩盐紹屬居其大宗煎盐之場曰錢清曰東江曰曹娥煎盐司灶曰新迎曰瓜瀝曰龕山曰戴家曰新安曰賀東所産盐斤不　　十萬石在浙西者姑弗論已查紹蕭肩税向歸商包者每年　　繳銀圓九萬民國元年而後盐商沈興漢願加認二成於是歲可繳銀圓十萬八千乃辦未一週各灶户与沈商時起衝突於是浙盐政局另委員設局專歸官收嗣又改為官商分收以舊會稽全縣舊山陰半縣屬之攜商劃山陰之半縣与蕭山全縣屬之官於是有西場東場之稱然而商辦者按月包完課常如額官辦者寔徵寔解豐歉難常而且局薪巡餉商包則無此兩支也照目前産盐之數而論果能儘銷無滯則捐

數浮於額認是全在經理之得法耳兹將紹所屬鹽煎灶情形

製表如右

見兩浙鹽務調查録

浙東肩盐完課額數調查表

場屬		灶地每造完課數	經理課務	課數
錢清	温瀆	銀圓四一八元	官局繳解	年繳五萬四千元
	橋	銀圓四一八元		
	龕山	銀圓四一五元		
	塘頭	銀圓四一五元		
東江	安城	銀圓二二〇元	商認	年繳五萬
曹娥	瀝水	銀圓四四〇元	包解	四千元

備 一浙東肩盐向歸商包年認銀元九萬圓嗣以經商欠課

改爲官辦分東西兩場東場仍隸商辦西場則隸官徵

考

表列課數係元年份加認之數合併声明

見兩浙鹽務調查録

浙東肩鹽造數調查表

場屬	灶地	灶別	每年造數	每日造數	斤數
錢清場	溫瀆	大灶	約煎六十造	十晝夜	五萬斤以上
	〃倚	大灶		十晝夜	五萬斤以上
	龕〃	大灶	約煎六十造	十晝夜	五萬斤以上
	塘頭	大灶		十晝夜	五萬斤以上
東江場	安城	小灶	約煎二百二十造	四晝夜	二萬斤以上
曹娥場	瀝水	大灶	約煎五六十造	十晝夜	五萬斤以上

俻一查西場錢清屬煎（肩）灶四團往年共煎一百七八十造邇

來逐年遞減元年份僅煎一百二三十造表列造數照

考　　元年爲準

見兩浙鹽務調查録

第三十五表說明節録

按浙東濱海場產本旺加以姚江牺板南沙鉄灶私產日增官銷日滯所以逐年比較贏絀懸殊夫欲得塩事之真相非從產數銷數兩　攷不可茲將紹屬官私各場厰出入總數分製三表其餘各　以調查有得為第二次續編

紹屬各場綱塩發配偲數比較表第三十六

紹屬各場運銷各地引數最近調查表第三十七

紹屬南沙厰收買私塩調查表第三十八

見兩浙塩務調查録

紹屬各場綱盐發配總數比較表　民國元年分

場廠別	產盐數	發配數	比較數
三江場	五〇〇〇〇引零	四八六一六引二分	滯銷一〇三八三引八分
東江場	[illegible]〇〇引零	六八六三二引九分	滯銷一三六七引一分
金山場	三[illegible]〇〇引零	一八〇〇七引五分	滯銷一一九九二引五分
餘姚場	四〇〇〇〇〇引零	二〇〇、内晒盐三萬六千二百九十四斤	滯銷二〇〇〇〇〇引
南沙官廠	五〇〇〇引零	三九一九引五分	滯銷一〇八〇引五分
合計	五五五〇〇〇引零	三三九一七六引一分	滯銷二一五八二三引九分

備　一查紹屬各場儘配浙東出場總數計十七萬五千四百七十引一分其餘十六萬三千七百六引盡配浙西運銷

一紹屬本有六場其錢清曹娥兩場係專配肩盐表中故

考

不列入

見兩浙盐務調查録

紹屬各場運銷各地引數最近調查表 民國元年分

銷鹽地别	掣運數	寔銷數	正負比較
金華縣	四、〇七五引	三、六〇〇引	負四七五引
蘭溪縣	五、八八五引	五、一〇〇引	負七八五引
湯溪縣	一、二四四引	九四〇引	負三〇四引
西安縣	五、四二五引	四、四〇〇引	負一、〇二五引
龍游縣	二、七三四引	二、一〇〇引	負六五四引
江山縣	六、〇九五引	四、九四〇引	負一、一五五引
開化縣	一一、八六〇引	一一、八五〇引	負一〇引
建德縣	三、五一五引五分	三、五〇〇引	負一五引五分
淳安縣	六、五二二引五分	六、四三〇引	負九二引五分

遂安縣	五、七一六引五分	五、九五〇引	正	二三三引
壽昌縣	二、二二六引	二、五二〇引	正	二九四引
分水縣	一、八四六引	一、三六五引	負	四八一引
桐廬縣	二、三九九引五分	二、一二〇引	負	二七九引
歙縣	一一、〇四二引	九、六五〇引	負	一、三九二引
休甯縣	二三、九八八引五分	二二、五〇〇引	負	一、四七八引五分
黟縣	二、三六五引	九、〇四〇引	負	四、三二五引
廣信路（府）	四、四七一引	四二、四五〇引	正	七、九七九引
常山縣	三、〇四七引	三、二四〇引	正	一九三引
諸義縣（浦）	一六、二五〇引	一五、二〇〇引	負	一、〇五〇引
富陽縣	二、八〇〇引	二、五五〇引	負	二五〇引

昌化縣	三九四〇引	三九六〇引	正	二〇引
於潛縣	三三四九引五分	三三五〇引	正	五分
新城縣	一七五二引	一六五〇引	負	一〇二引
東陽縣	一九八〇引	一四五〇引	負	五三〇引

一表各數照民國元年分通年計算

一表列收支數係運數與銷數相消其正數係銷浮於運即銷上年存積之鹽負數則銷不及運為次年存積之鹽合併登明

見兩浙鹽務調查錄

紹興縣志採訪稿

紹屬南沙嚴收私情形調查表

產鹽處　銷鹽處　收鹽旺期　統年收數　統年銷鹽引數

黨山　㬎、縣　一　四、

木、縣　九月　百萬、三　千、

十二埭　歙縣　四　〇

梅林灣　常山縣　六

廣信府　十月　千、五

黨山灣　開化縣　四　八

新灣底　西安縣　〇

於潛縣　十一月　斤、引、四

一查南沙私鹽地屬舊山陰縣向用鐵盤煎造由商設局

倫　繳課收買捆配行銷各縣引地其盐價隨滷價為漲落
遵章視三江東江兩場官滷價值為標準
一表列收銷各數均照元年分統年計算其收數以斤計
考　銷數則以引計
一課額每引繳銀一兩年額繳銀約五千兩
見兩浙鹽務詢查録

按收課地點向隸官設專局辦理紹興稅局範圍較廣除釐課外凡浙東各地場硃綱課肩課住課皆集於一區經收彙解自民國二年以來肩課一項由省另行委員直接收繳即六場灶課亦自行呈繳司庫[illegible]元年分經收課數按月統計製成四表

紹局收解浙東綱課總數按月統計表第四十三

紹局收解浙東肩課總數按月統計表第四十四

紹局收解浙東加價總數按月統計表第四十五

紹局經收三縣住課數目統計表第四十六

見兩浙鹽務調查錄

紹興縣志采訪稿

紹局收解浙東綱課總數按月統計表 元年分前半課

月別＼類別	收 正銀數	收 耗銀數	解 正銀數	解 耗銀數	存 正銀數	存 耗銀數
一月	九三、七六〇兩八分	五六兩二六六	無	無	九三、七六〇兩八分	五六兩二六六
二月	三二、[illegible]兩八四分	一[illegible]兩二三三	無	無	一二、五八〇兩九二分	七五兩四九九
三月	一四六、三九〇兩一	八七兩八三七	六九、六四兩七五一	無	二〇、二五五兩七五四	一六三兩三三六
四月	一二一、六三三兩九七五	[illegible]三兩九八四	二六二、三四兩六〇七	無	六一、八五兩一二二	二三六兩三三二
五月	一一二、六〇兩七五分	六七兩五六七	一五四、二七兩七錢	無	二〇、一八兩一七二	三〇三兩八九九
六月	一五一、五〇兩五五分	九〇兩九二	一五三、二〇兩五九八	無	一八、四八兩一三四	三九四兩八二六
七月	一三三、五七兩八〇五	八〇兩一五二	一四七、二三兩五六五	四七四兩九七八	無	無
八月	八七、九八兩五七五	五二兩七九二	八七、九八兩五七五	五二兩七九二	無	無
九月	一七一、七二兩八五分	一〇三兩〇三八厘	一七一、七二兩八五	一〇三兩〇三八	無	無

紹興縣志採訪稿

紹興縣志採訪稿

十月	一九、五〇一兩二六分	一一七兩8八厘	一九、五〇一兩二六	一一七兩〇〇八	無	無
十一月	一三、〇一五兩九一分	一一九兩四五四厘	一〇、〇〇〇兩	無	三、〇一五兩九一分	一一九兩四五四
十二月	二〇、五〇九兩七一六	一二一兩〇一五厘	二二、六九三兩九二六	一八八兩七六三	八三一兩七錢	五一兩七〇六厘
合計	一五六、八五一兩七九六	九八八兩二五七	一五六、八三七兩七三二	九三六兩五七九	八三一兩七錢	五一兩七〇六厘

備考 一查本年七月分止綱課正耗銀數收解相消應存銀四百八十二兩三錢六分四厘係因各場委員薪水公費不敷將是項動支銷訖理合登明

鹽務調查錄

浙東紹局收解肩課數目按月統計表　元年分

月別＼類別	收數正銀	收數耗銀	解數正銀	解數耗銀	存數正銀	存數耗銀
一月	二三〇九七兩三〇一	三五兩一一二	一七、〇〇〇兩	無	五、〇九七兩三〇一	三五兩一一二
二月	六七、[illegible]兩〇[illegible]	[illegible]兩七八五	一三五八兩九六	無	六、六一八兩四九三	三九兩八九六
三月	一三九一七	二〇兩六八四	無	無	二〇、五三五兩五三三	六〇兩五八
四月	一一九七兩二六四	[illegible]兩二四九	六九九八兩七八	無	一四、七三四兩〇一七	八一兩八二九
五月	八九〇〇兩一三一	一七兩一九三	二三〇八兩七〇七	無	六一五兩四四一	九八兩九二二
六月	一七九兩〇六三	二一兩一二	一七九兩〇六三	無	六一五兩四四一	一二〇兩〇四二
七月	一六二兩四〇七	無	七七七兩八五一	一二〇兩〇四二	無	無
八月	無	無	無	無	無	無
九月	無	無	無	無	無	無

紹興縣志採訪稿

十月	無	無	無	無	無	無
十一月	一六一兩四〇八	無	無	無	一六一兩四〇八	無
十二月	一六一兩四〇八	無	無	無	三二二兩八一六	無
合計	四九、五五六兩二	一二〇兩〇四二	四九、三三三兩二九七	一二〇兩〇四二	三二二兩八一六	無

備考　一查肩課正耗銀兩向由紹鹽茶滬局經收至元年八月以後另行組織局所經收惟金山場月解銀一六一兩四
厘表中僅列此數理合登明

鹽務調查錄

浙東紹局收解加價數目按月統計表 元年份

月別＼類別	收數	解數	存數
一月	三九、〇八兩九六八釐	二三、〇〇〇兩	一六、四〇八兩九六八釐
二月	四、六七兩二六五釐	二、五三九兩二六二釐	一八、三三七兩六七一釐
三月	四一兩五七六釐	無	六〇、〇四九兩二四七釐
四月	四二、五一八兩七八二釐	三九、六五〇兩	六二、九一八兩〇二九釐
五月	三四、七一六兩二八五釐	八九、三六二兩四六九釐	八、二七一兩七六五釐
六月	三六、四五七兩四六分	二七、五八二兩三〇二釐	一七、一四六兩九二三釐
七月	四三、二四〇兩〇〇一釐	六〇、三八六兩九二四釐	無
八月	二五、九九八兩九六八釐	二五、九九八兩九六八釐	無
九月	四〇、六八九兩五四七釐	四〇、六八九兩五四七釐	無

十月	六五三五九兩九二九厘	六五三五九兩九二九厘	無
十一月	五八九一〇兩七三九厘	四〇〇〇〇兩	一八九一〇兩七三九厘
十二月	七三七一四兩二七六厘	九二六二五兩〇一五厘	無
合計	五〇七一九四兩四一六厘	五〇七一九四兩四一六厘	無

備考

一浙東加價額定按斤計算二十六地中惟黟縣九文休寧歙縣[illegible]信常山等處十一文此外二十一地一律輸制[illegible]二文無如積綱久解率以為常表中所列係實收寫[illegible]數

見[illegible]浙鹽務調查錄

紹局經收三縣住課數目統計表元年分

地別	掣數	收入數		
		正銀	耗銀	照費
嵊縣	丙午首掣	三、六二二兩四錢	一八兩〇四九	九四串
兼銷新昌	丙午二掣	三、五二〇兩	二一兩一一二分	一一〇串
	補繳掣	一、三〇五兩六錢		
	丙午三掣	四、二二四兩		
上虞縣	第十次	六四〇兩		
	第十一次	二五六兩		
	第十二次	二五六兩		
	第十三次	二五六兩		
餘姚縣	商認	三二三兩三三三		

紹興縣志採訪稿

醬銷　五七五兩七錢

合計　一四九七九兩〇三三　四四兩一五九　二〇四串

備

一仕課一項因食鹽之地距場灶較遠由商設店納課仕買惟上新嵊餘等縣有之其課向繳紹局轉解嗣因餘地栖私充斥与上嵊等縣接壤暗地灌輸遂受影響所以歷年[illegible]收漸形短絀云

一嵊[illegible]仕課積久甚鉅近則但完課而不請運所以表列

考

收數[illegible]丙午年止

見兩浙鹽務調查錄

按鹽醝一事千頭萬緒然非熟於場灶情形幾難得其綱領浙東西之場夥矣團灶名稱更僕難終在紹言紹瞻仰桑梓耳濡目染調[illegible][illegible]易茲采取六場灶名及製鹽區別列表五

紹屬六[illegible]鹽性質一覽表第四十七

紹屬各場[illegible][illegible]最近調查表第四十八

紹屬煎鹽手續區分表第四十九

見兩浙鹽務調查錄

浙東紹屬六場配鹽一覽表　節録

場別	配鹽區別	配銷地界	説明
三江場	綱鹽	金衢徽廣常等二十六地	
錢清場	肩鹽	蕭山全縣舊山陰半縣	
東江場	肩鹽 綱鹽	舊山陰會稽兩半縣 金衢等二十六地	
曹娥場	肩鹽	舊會稽半縣	按曹娥場從前兼配綱鹽迄今停廢已三十餘年矣
備考	一綱鹽歸商按季繳捐掣票捆運金衢嚴徽廣常等二十六處 一肩鹽歸肩商完課捆鹽在指定地面肩挑貿易不得越界		

見兩浙鹽務調查録

紹屬各場團灶最近調查表一 元年分

場別	團灶名稱	所在地	距場里數	鍋盤數 篾盤	鐵盤	煎丁數	煎鹽造數
三	高元	馬鞍陳家團	十五里	一	無	六人	年
	陳茂	仝	仝	一	仝	仝	
	陳	仝	仝	一	仝	仝	共
	陳瑞	仝	仝	一	仝	仝	煎
江	陳亦大	仝	仝	一	仝	仝	
	陳其大	仝	仝	一	仝	仝	鹽
	陳永裕	仝	仝	一	仝	仝	
	茹逸甫	仝	仝	一	仝	仝	二
場	丁順	仝	仝	一	仝	仝	百

丁良	仝	仝	一	仝	仝	八
陳永豐	仝	仝	一	仝	仝	
黄蘢	仝	仝	一	仝	仝	十
黄榮	仝	仝	一	仝	仝	
朱振	陡亹陳顱團	半里	一	仝	仝	五
蔣壽桂	八	仝	一	仝	仝	造

見 盐務調查録

紹屬各場團灶最近調查表二元年分

場別	團灶名稱	所在地	距場里數	鍋盤數 篾盤鐵盤	煎丁數	煎鹽造數
東	馮茂臣	新甯團	二里	一	無	無定	季
	馮繼先	仝	仝	一	仝	仝	灶
	施子	仝	仝	一	仝	仝	十
	施隆	仝	仝	一	仝	仝	七
江	施茂	仝	仝	一	仝	仝	處
	馮生	仝	仝	一	仝	仝	煎
	馮國仕	仝	仝	一	仝	仝	造
	馮霑雨	仝	仝	一	仝	仝	數
場	陳大成	仝	仝	一	仝	仝	無

紹興縣志采訪稿

施瑞新	仝	仝	一	無	無定	從
施達	仝	仝	一	仝	仝	調
馮俊	仝	仝	一	仝	仝	查
姚軍壁	姚宋團	三里	一	仝	仝	的
倪茂芝	仝	仝	一	仝	仝	碓
陳綸	仝	仝	一	仝	仝	
施	仝	仝	一	仝	仝	
姚永	[illegible]	仝	一	仝	仝	
金廣川	新安團	十三里	一	仝	仝	肩
楊元湻	仝	仝	一	仝	仝	灶
楊永盛	仝	仝	一	仝	仝	十

楊茂盛	仝	仝	一	無	無定	五
楊貴	仝	仝	一	仝	仝	處
楊賢	仝	仝	一	仝	仝	年
楊裕豐	仝	仝	一	仝	仝	共
楊元林	仝	仝	一	仝	仝	煎
楊斌	仝	仝	一	仝	仝	鹽
楊德	仝	仝	一	仝	仝	一
楊文	仝	仝	一	仝	仝	百
楊華	仝	仝	一	仝	仝	八
楊初	仝	仝	一	仝	仝	十
楊世芳	仝	仝	一	仝	仝	造

紹興縣志採訪稿

楊範　仝　仝　一　無　仝

見兩浙鹽務調查録

紹屬各場團灶最近調查表三元年分

場別	團灶名稱	所在地	距場里數	鍋盤數 篾盤	鍋盤數 鉄盤	煎丁數	煎盤造數
錢清場	潘茂豐	新迎團	二十五里	一	無	十四人	
	蔡貴	仝	仝	一	仝	仝	年
	潘	仝	仝	一	仝	仝	共
	徐炳全	蕺家團	二十二里	一	仝	仝	煎
	沈良	瓜瀝團	二十里	一	仝	仝	盤
	朱元	龕山團	十三里	一	仝	仝	一
	項鳳	仝	仝	一	仝	仝	百
	高燦	仝	仝	一	仝	仝	二
	朱德	仝	仝	一	仝	仝	十

高華　仝　仝　一　無　仝　三

錢燿　仝　仝　仝　仝　造

曹　阮甬基　瀝泗賀東團　三十里　仝　十二人

娥　阮裕周　仝　仝　仝　仝　年共煎鹽三十二造

場　阮晋占　仝　仝　仝　仝

備　一查兩浙鹺治志所載各場團灶爲數甚夥近數年來皆以一乙煎煮任其停廢表列各團係從實地調查的確之數

考　一表列煎鹽造數係元年分總數

紹屬煎鹽手續區分表

名稱／事實　別	季鹽	食鹽
領鐵	用紙質不納規費	用木質須納規費
成造	須十晝夜	大灶十晝夜小灶四晝夜
用滷	可以則滷	須用上則滷
色味	色次而味濃	色白而味薄
煎法	成時潑鹺使鹽粒堅結	成時潑滷使鹽粒堅結
性質	質佶耐久	質鬆易溶
成本	輕	重
售價	廉	昂
行銷	運銷外地	肩銷本邑

出運	用船	肩挑
造倉	無定數	每灶一倉
儲蓄	存倉待配	隨煎隨銷
發配	憑单捆配由官監督	包捐包課稽煎督配
引數	三百三十五斤為一正引	八百斤為一道
計價	按引核算	按擔核算
裝置	用袋	用盐籮
繳課	分四季	分三節
稅率	輕	重
巡緝	出盐地不置巡	出盐地置巡緝私
商名	綱商	肩商

資本　重大多虧蝕　輕微可獲利
灶式　用夾灶　用夾灶或洞灶
現煎　有停燒而仍納帖者　無停煎之灶
備　一紹屬六場團灶發配各地鹽斤有季鹽食鹽之分因其
四[illegible][illegible]課故謂之季鹽因其專銷本境以充民食故謂
考　之食鹽
見兩浙鹽務調查録

候補知縣山陰王慶勳上增中丞論沙地改田事宜書

敬稟者竊慶勳前以紹興府屬山會蕭三縣田少人多產米不敷民食請將山陰縣屬塘外沙地改田二十萬畝以利民食而籌鉅餉并附夾單稟二件摺一件沙地輿圖一張於上年六月間稟奉

前憲張批所陳沙地爲田等情於水利土宜有無窒礙其建閘開河各節亦未籌及經費若干究竟興改之後能否有利無弊仰布政使查議復奪等因在案慶勳世居山陰縣前莊村與沙地相去不滿二里屢往塘水詳加察閱謹將前憲批指事理一一分條

詳對敬爲大人陳之

一水利慶勳擬請改地爲田其最要者新舊兩河水利必須統籌兼顧所謂新河者塘外新開之河也工程浩大勢雖廣濶未必能

盡數灌溉之用不得不藉舊河之水以補助之所謂舊河者塘內舊有之河也三江閘每患漲塞屢苦出水之不速中興後四十餘年未閘旱災雖或水或旱天道難知而即既往以度將來舊河之水必可補新河之不足矣或云既議興改何妨直至蕭山西興豈不甚善慶勲迂愚以為改田二十萬畝開河五千五百畝論水利則新舊兩河必能兼顧論經費則仍籌之於沙地而不患其不足若興改地面大九開掘河道勢不得格外寬濶則去地多而工費大矣似不如適可而止之為妥協也又查擬請改田界內向有方千漊等各灣灌放水出海者七八處今請另築外塘隔絕灣灌潮水應就舊日放水處所建造單洞小閘四處不特專顧新河之出水或可補救三江之淤滯也總之舊塘概不更動築新塘開河道

建小閘應開應閉約定章程各派閘夫看守但使舊河之水由舊塘小閘以出於新河新河之水由新塘小閘以出海不使入於舊河此水利並無窒碍之實在情形也

一土宜查山陰縣錢有湖田中田江田之分湖田土性厚實中田次之江田者皆　萬歷年間三江閘未建以前之沙地也至今尚稱沙土湖田插苗宜芒種中田插苗宜夏至江田插苗宜小暑晚禾收割均在霜降如是者數百年現在塘外凡有池瀆淡水可資灌溉之處均有沙田歷年插苗收割與江田無異蓋成熟百餘年土性已淡與外沙成熟僅數十年只宜種棉花之鹹地不同上年秋後三江漲塞晚禾收割成數江田勝於中田而塘外沙田與塘内江田無相上下此土宜並無窒碍之實在情形也

一建閘經費查大和山下塘沿舊有山西三洞閘一道尚堅固完好水通塘外均一里而沙地漲塞河道斷廢若僅為沙地灌溉起見則疎通山西舊閘已可足用若以補救三江淤滯並耕種收割往來民便而言除疏通舊閘外應於舊塘之方千漊西塘下亹山等三處各建雙洞小閘一道並新塘擬建之單洞放水小閘四處通共建造小閘七處大約工料洋銀二萬餘元之間又新建外塘應於塘脚放排 石塊二層以分界限除南面有舊塘不計外東西北三面週圍約四十二里大約工料洋銀二三萬元之間

一開河經費查開河工費甚鉅河道固難寬廣然過從簡略又於新舊兩河兼顧之道或有未盡是不可以不詳審之而慎重其事也約計東西橫長二十二里擬於新塘貼近塘內開大河一道濶

三十弓又由南至北每二里開小河一道共計小河四道每道各濶十弓統共大小河五道此自東至西之橫河也又南北直長十里擬於東西兩邊新塘貼近塘內各開大河一道濶各十五弓又由東至西每一里開小河一道除舊有之方千漊等約七處各灣溝可以修補抵　小漊另計外共新開小河十二道每道各濶八弓統計新開大小河十四道修補小河七道此自南至北之直河也查塘外地勢高於塘內一二尺不等有山西閘水通內外一望可知將來開掘不可過淺無論河道大小擬深概約一丈六尺方可聚水灌田統計開河並加添修補灣溝基地共約五千五百畝每畝大約工費洋銀一百六十元共約八十八萬元又築塘工費約數萬元統計建閘開河築塘堆土並設局開辦一切經費共約

洋銀一百萬元之間所估數目不過大概約畧將來出示招工應

以取價至少者爲凖

一築塘開河基地塘沿河沿公路餘地等折給八成沙田其約六

七畝之間否則按畝價買更爲妥協不一興役之後中等歲收約

可出米三十萬石竊念紹地民食之穀向由本省之金衢江蘇之

無錫購運接濟上年春夏金衢等處各謀自顧紹地民情不無惶

恐塘外沙民三　成羣赴塘内乞米乞食者絡繹而來全賴各大

憲多方設法始獲相安若有此三十萬石之米出於其間雖無補

於全屬亦可以保沙民之無飢矣此民生之利也又錢清場属沙

地每畝完課銀七厘四𢇁現有之沙田亦照地畝完課並無分别

興役之後或議錢粮或𨐃畝捐慶勲前禀聲叙每畝三百文每年

可得大萬元此公家之利也

以上各條慶勲自稟前憲台批示以來悉心考求又經一載事愈審而愈明策愈籌而愈熟方今大人蒞浙下車伊始將見措施所及無非為我浙留地方之財以辦地方之政凡屬浙民莫不同深引領咸頌風聲者也慶勲籍隸紹興食毛踐土覩時艱而愧補苴之無術審地理而惜美利之未興才非李俚情同毛遂忘餐廢寢年餘於茲誠欲效千慮一得之愚為土壤細流之助謹再據實瀝陳附呈清摺四件沙地輿圖一張仰祈大人俯詧愚忱飭司委員會同地方官詧看情形稟復到日擬請先辦税契三月而鉅款可籌接辦建閘開河年餘而工程可竣至成功而後公家有百萬元之進款又可增每年大萬元之錢粮民間得價值之加增又有裨

我紹民永遠之粮食國計民生兩受其益是在大人毅然一舉而事不難奏功也再如有意存取巧假公濟私情弊應請從重究治合併陳明肅此具禀恭叩崇安伏祈鈞鑒慶勳謹禀

附呈清摺四件　沙地輿圖一紙

籌沙地段田款清摺

總目

一先辦沙地稅以每畝稅銀八角除已稅不計外大約洋銀十四五萬元

一段田後每畝補繳稅契銀七角計田二十萬畝共約洋銀十四萬元

一段田二十萬畝以八成折給業戶以二成提作公款

共四萬畝除開河築塘基地約六千畝外尚餘長沙田三萬四
千畝每畝作價五十元共約一百七十萬元除支銷經費約一
百萬元外尚可餘洋七十萬元連稅契統計共約餘大洋銀一
百萬元此公家之利也
一大小租地價　畝共三十三元田價每畝作五十元沙地二十
萬畝共計產價洋銀六百六十萬元八成折給沙田十六萬畝
共計價銀八百萬元田地兩抵統計餘大價銀一百四十萬元
此各業戶之利也
以工公款暨各業戶產價餘大數目均指八成折給而言如能
照此辦理固屬妥善萬一各業戶以折給過少為請再由委員
會同地方官察看情形斟酌稟請辦理

計開

一擬請改田之地乃沿塘附近精華所聚最為優美者也有灶戶佃戶地三項名目灶戶收小租完課銀佃戶收大租交小租地戶種地畝交大租此民間完課交租種地之情形也買賣有大租小租之別所謂小租者名曰業戶即完課之灶戶也買賣寫絕賣契例應投稅其有未稅者即匿稅也買價每畝約三元向不管業地畝以數十年來買價無所增減向章每年每畝向佃戶額取小租錢三百文現年交清者約七折其不能年清年款者約八九折不等灶戶每年每畝納錢清場課洋七釐四絲間亦有一分以外者此小租業戶之大畧情形也所謂大租者名曰佃戶向章管業地畝其實即業戶也買賣寫絕頂契俗習

成風均不税契其偶有投税者因訟備呈堂也買價在光緒二十年以前每畝一二十元不等每年每畝向地户收取地租洋銀約一二元向不完課每年每畝實交灶户小租錢二百餘文近十餘年來買價倍增於前租價約增十之六七此大租業户之大畧情形

一擬請札司派員會同地方官按照輿圖所指地段查看情形劃定界限擬于安昌鎮設一沙地段田税契局一面剴示諭令大租各業户將未税絶頂各契不論年月遠近契價多寡自開局之日起統限一月内投税每畝税契洋銀八角逾限一月加一角限止三個月每畝應交税契洋銀一元不准絲毫加收浮費逾限三個月不税者一概不得作絶契論近年地價昂貴查大

租項契年分遠近不一時價貴賤懸殊擬請分别辦法凡光緒二十年十二月以前未税項契准由出頂之人或家屬赴局呈報准照原價七折回贖遞禀並無絲毫小費回贖之後仍照現定逾限三個月每畝一元章程投税不准絲毫加收浮費其小租之未税契者照大租十成之一投税一切章程均仿照大租辦理此專指改田之沙地税契而言若照此辦理各業户斷無不踴躍之理約三四個月之期必可税銀十餘萬元即作為開辦沙田興工之用

一從前條陳沙田事宜皆以丈出畝分充公為請或不成或滋事其故由於假公濟私也慶勳擬請改地為田以利民食工程浩大苟非折減畝分則開河之基地應用之經費皆無從出然折減之議在知我者以為減畝分增産價實於各業户有利無害

在疑我者以為仍行丈出充公之故套無非變其名目耳清夜靜思久之又久而得其辦法也蓋民情向利趨之若鶩在未經興之前開河如何沙地如何均未目覩而遽議折減成數其勢恐難允洽擬請俟稅契辦竣後於山西閘外價買開河沙地三四百畝先行試辦沙田八乙千畝共約經費四五萬元之間彼時萬目共覩產價之增貴不言而喻折給之成數不難立定即將應提二成沙田料理清楚然後接續分段辦理約以東西橫長二三里為一段第一段辦竣將提公沙田價銀料理完結即接辦第二段則款有着落不致漫無收束

一改田二十萬畝以八成折給業户以二成提歸公款所擬並非過當公家之利非取於沙地也蓋地賤田貴非築塘建閘開河

並開通塘内舊河之水道不能使賤者轉而為貴轉移之權公家
之利所由生也即各業户産價所由增也亦即沿塘民食之利所
由興也查塘内江田以沿河地勢較高者為上等近年每畝價值
洋銀九十元或一百元之間次等者每畝六七十元塘外地勢高
於塘内所涨之田論時價實在每畝不止五十元若價一估定則
銷售為難不得不從減議以期易於出脱也所有提歸公用之二
成該各業户等　一有願買回者先儘大租業户如不願次及小租
業户再不願即以八成折給開河築壋用去沙地之業户再有餘
存官紳會同商議出示招人承買
一八成折給假如沙田一百畝除提公二十畝外尚存八十畝大
小租各業户應酌量派撥查小租每畝價約三元每百畝價銀

三百元沙田每畝作價五十元應撥給六畝共價銀三百元在小租業户已得回原價並無吃虧矣其畝分之零星瑣碎凡不滿五十畝者如大租業户情願買回應令大租業户每畝出洋銀三元向小租業户買回以免分割之煩大租地價每畝約三十元每百畝共價洋三千元沙田每畝五十元應派給七十四畝共價洋三千七百元較之地價三千元每百畝已增價七百元若照此辦理除支消外公家之利連税契在内共約一百萬元之間各業户之利共約一百四十萬元

一八成折給論目前田價各業户實在大受其益或各紳士暨業户等以畝分折給太少爲請倫憲恩優渥曲予体恤或由公家之二成民間之八成各提三畝撥給小租之業户則大租業户

實得七十七畝共計價洋三千八百五十元比之地價之三千元每百畝實已增價洋八百五十元若照此辦理除支消外公家之利連稅契在內共約七十萬元各業戶之利共約一百七十萬元

一八成三分折給萬一各紳士暨業戶等又以畝分折給為請備憲恩優渥曲予体恤則小租之六畝悉由公家之二成提給其折給之八成 蘇大租業戶共值價銀四千元比之地價之每百畝三千元實已增價一千元可謂破格優厚至矣盡矣若照此辦理公家之利連稅契在內共約四十萬元各業戶之利共約二百萬元

以上二條係預為固執者計較畝分之多寡而設以備委員暨

地方官簽看情形稟請辦理

一稅契每畝八角此指未經改田以前之沙地而言興改之後令各業戶執持已稅之地契換給沙田印照以憑執業查沙田每畝五十元照例三分每畝應稅一元五角若從寬辦理稅地三角准其扣除仍令補交沙田稅契銀每畝七角以二十萬畝計算共約補交十四萬元統計前後以地改田稅契共約三十萬元此等辦法均係籌款之正並非剝削民間惟各項浮費非嚴行禁絕不足以折服民心

開河築塘畝分清摺

謹將開河築塘地基畝分列摺呈請　簽核

慶勲不諳算法謹就逐日採訪老農之言考究佈種稼禾株數

以計畝分老農云六株為一甲十六甲為一把一百把為一畝通計每畝九千六百株此田畝之足數也又云一千步為一里每步種禾三株以此計之橫直各三千株為一里每里共種九百萬株以九千六百株為一畝計之共田九百三十七畝五分與孟子之方里而井井九百畝大畧相同又云今以兩步為一弓每橫一弓直二百四十弓為一畝每弓種禾六株每畝共種禾八千六百　十株較之九千六百株為一畝者九折也今以九千六百株為一畝之數約計開河築塘地畝數目詳列於後

計開

一東西北三面週圍約四十二里築新塘一道

北面自東至西橫長約二十二里塘濶三十弓東西兩邊自南

至北直長十里濶各十五弓
北面濶三十弓東西兩邊合計濶亦三十弓每弓禾六株三十
弓共禾一百八十株每里一千步每步種禾三株共計三千株
每一里通共種禾五十四萬株計地五十六畝二分五厘
通共築塘基乚折作三十二里計算共地一千八百畝
一週圍塘沿四十二里應留餘地公路二弓每里計地三畝七分
五厘共地一百五十七畝五分
一東西北三面週圍貼近塘邊開大河一道
河道長濶均與築塘之基地同共計一千八百畝
一東西横河長二十二里自北邊新築塘至南邊舊塘十里每二
里開小河一道濶十弓共應開四道共濶四十弓種禾二百四

紹興縣志採訪稿

十株每里種禾三千株每一里應共種禾七十二萬株東西横長二十二里共禾一千五百八十四萬株共地一千六百五十畝

一南北直河自東之大午村至西之航塢山約二十二里每一里開小河一道闊約八弓除舊有之方千漊湾黄公溇湾盛陵湾塘下高湾西塘下湾梅林湾黨山湾等處應酌量加闊改深另議外大約新開小河十二道共闊九十六弓每弓種禾六株九十六弓共五百七十六株每里種禾三千株每一里共禾一百七十二萬八千株南北直河長十里共禾一千七百二十八萬株共地一千八百畝

一南北直河舊有之方千漊等湾約七處應酌量加闊不能確計

大約添補基地作爲二百五十畝

一東西横河大小五道長二十二里除塘沿已有公路餘地不計外其河沿兩岸均應留餘地公路各一弓共計九弓每弓禾大株九弓共禾五十四株每里共禾一十六萬二千株二十二里共禾三百五、六萬四千株共地三百七十一畝二分五厘

一南北直河並方千婁等灣大小共二十一道長十里除塘沿已有公路餘地不計外河沿均應留公路餘地各一弓共四十弓每弓禾六株共禾二百四十株每里三千株每一里共禾七十二萬十里共禾七百二十萬株共地七百五十畝

共計築塘基地一千八百畝開河基地五千五百畝餘地公路約一千二百七十八畝七分五厘三共計地八千五百七十八

畝七分五厘
以沙地六千畝照八成折給抵作沙地七千五百畝尚長用沙
地一千七十餘畝所築新塘未免去地太多或可酌量撥給各
業戶補種棉花以補此用長之畝分應由官紳臨時商辦稟請
定奪
柳或將八千五百七十八畝七分五厘地畝按照每畝三十三
元價買亦可　共應給地價洋銀二十八萬三千九十八元七
角五分若以八成折給之沙田六千畝作價按照每畝五十元
計算約可售洋三十萬元

沙地積弊清摺
謹將沙地積弊開列大畧情形恭呈　鈞鑒

計開

一沿塘成熟最久之沙地完課與收租畝分多不相符凡大租業户出頂之時其地畝之寬大者商同小租業户提升畝分在大租則貪目前多得賣價在小租則貪日後多收租錢一賣再賣升而又升此〻塘大租地畝寬大者甚少之情形也若小租則不同假如完課百畝者其所收各户小租錢竟有升至一百三四十畝者及其賣也則去其完課者而留其無課者殊爲取巧然相沿已久安之若素今欲改地爲田一清積習勢必多方阻撓另生枝節擬請寬其既往凡小租之無課者令其自行呈明概免充公每畝酌量加小租稅契洋銀兩倍又令補交課銀五年准其照完課之小租一律辦理不特此次曲体下情亦以寬

大即嗣後辦理外沙草蕩一切興利除弊之事亦易取信於民

矣

一太祖須契投稅並令帶同小租摺呈驗驗畢即將小租業戶姓名批註契內其小租摺隨即發還由局於稅契冊內將大小租各業戶姓名註明以備查考慶勲愚見稅契籌有十餘萬元即興工開辦沙田不必先行丈量沙地擬俟改成之後按照契載畝分丈量大　小者不得照丈入之數扣算應照契載畝分完納錢粮大者丈出之數但令加倍補交稅契銀元即照丈出之畝分完納錢粮免其充公蓋罰宜從輕輕則民間易從易從則中飽之弊自絕區區愚忱未審有當萬一否

建閘開河築塘工程估價清摺

計開

一山西三洞舊閘尚完好可用擬請於舊塘之方千漊西塘下黨山等處建造雙洞小閘三道又於新塘之方千漊西塘下黨山盛陵灣等處建造單洞小閘四道石料均須大塊堅固大約每閘三千元共計工料洋銀二萬餘元

一新塘塘脚應用排釘石塊二層以分界限除南函有舊塘不計外其東西北三面週圍四十二里大約工料銀二三萬元

一開河挑泥工程據農民云約以種禾地位六株為一担每畝九千六百株共計一千六百担泥厚約四寸以此推算深四尺一萬六千担深一丈六尺共六萬四千担如河函寬闊十丈河底祇能五丈以防倒瀉之患應折作七丈五尺計算則六萬四千

紹興縣志采訪稿

担七五折實作爲四萬八千担慶勲前稟聲明挑路近者每工至多可挑二百担發稟後又復詳加考究據農民云每工不到一百担現以每工九十担計之每畝約五百三十三工每工約錢三百文每畝約銀一百六十元統計開河五千五百畝共約工程洋銀八十八萬元

建閘開河築塘工程作價清摺

一築塘即以開河之泥爲之工程大約數萬元

通計設局建閘開河築塘一切經費共約一百萬元所估乃係大約之數不能作準將來興辦工程石料無論何人不准保薦以杜請託酬謝折扣之獘應由官出示招工以取價最少之數爲準數目已定凡承辦者須由殷實店家取一認識保結以杜

領價逃匿之弊或另用外洋機器或由内地招工可以格外從
減則更妥矣
清光緒三十四年八月初九日紹興公報

桑觀察稟陳沙田築堤並修補海塘之撫批

去歲甯紹台道桑觀察爲徐紳條陳沙田築埂事來紹履勘並查視西江北海塘工現已將查勘各情詳覆撫轅奉增中丞批云據稟已悉仰布政司確核妥議詳奪至另稟北海塘擇要興修各節由司先行札飭紹興府督縣會紳查勘赶緊興工修補毋稍遲延切切

清宣統二年二月十九日紹興公報

籌辦清大山會蕭三縣塘外沙田條說

此事發意於增中丞今秋委托徐顯民君回紹調查以徐君前年曾在沙田築堤有功於該地也徐君旋以調查所得情形并以辦法詢諸就地民人擬為條說報告於中丞中丞乃派桑鐵珊觀察蒞紹復查其事茲將徐君之條說列說報端以供衆覽其調查沙地情形之說帖則列入專件中

一塘外沙田現雖成熟而時虞水旱豐歉無常設能修築堤埂以捍潮汐開鑿濬渠以資灌溉則土質雖含沙性悉可化為膏腴擬離塘十餘里之外循其中流界舊址修築堤埂埂內即開濬渠計自三江塲灶地起至西興外沙為止約長一百餘里而所保衛之沙田不止四五十萬畝估計經費約在十萬元之譜此項

不必出之於官而沙民無不樂輸唯開辦之初須先由藩庫籌
墊數萬元以資周轉

一離塘十餘里外既為築堤開渠保衛沙田則沙民均感恩施由
是舉辦清丈並責令升課沙民當無不樂從決無抗拒之理擬

一面築堤一面即開辦清丈丈實畝分吊銷舊照另給新照並隨
時造具圖冊釐定課則并按畝派收堤工捐輸以便解還藩庫
墊款

一堤內沙地既經清丈而堤外沙地雖次於堤內亦可分熟地草
地白地滷地一律清丈唯課則宜分等差以昭平允

一開渠築堤長約百里所沾沙地不止數百畝擬由堤工捐輸項
下提款若干按畝價值以示大公

一清丈地畝如按舊給司照地有浮多擬仍佁原地户認領按新
大畝分升課以免騷擾
一牧地如循中流界築堤亦可包在堤内且地本成熟與場地相
等擬一律請丈均歸原地户升課將來如何分撥租課歸還旗民
逕由憲台酌、免再衝突
一官租地皆係地方善舉之産瘠腴不等擬俟清丈後仍歸各項
善舉徵租納課惟亦須另給司照以歸劃一
一既築堤埂沿土須分建小閘以資宣洩而沿塘舊建旁閘稍加
修葺亦可準水勢漲落隨時啟閉塘内之田得以均佔利益而
於三江大閘亦可得分洩之力誠為一舉而數善備矣
一塘外沙地歷年舊案繁多此次辦理清丈所有舊案宜一律取

紹興縣志採訪稿

消以免枝節叢生反多窒礙

一塘外既築堤開渠舊塘則愈形鞏固惟沓蒿壩一帶東塘本係土塘積年失修日漸低小自前年對江上虞改築石塘後江流冲激岌岌可危又西興北塘亦係土塘現在西興外沙日漸坍倒與北塘相距甚近此兩處均宜改築石塘以保山會蕭三邑民命田廬擬於此次修築堤埂派收堤工捐輸項下提撥十餘萬金改築石塘庶塘内塘外均被德惠三邑幸甚

記者曰吾紹之沙地為天然之利猶新陸也計其畝幾倍於塘内之田徒以不知經營以致委棄人利今日既議其事更不可不圖根本之計記者竊願吾郡之官紳士庶發為遠謨以是為吾浙之自治模範村弗專計目前之近利也見宣統元年十一月十五日紹興公報

田賦

調查沙地情形説帖

山會蕭三縣塘外沙地有官租地（如嬰堂塘工書院等善舉之類）有塲地（離塘十里稱塲地均有錢清三江兩塲徵粮）有縣地（塲地之外多係縣地間有白地由山會蕭三縣徵粮）有牧地（諺所謂將軍放馬地）

官租地分四等有熟地白地草地滷地徵粮每畝約三十餘文惟所繳官租熟地每畝六〔二百〕七十文至三百文不等白地草地每畝四五十文至七八十文不等滷地間有不及四十文者官租向章每畝以四十文起至三百文為止

塲地皆熟地徵粮每畝二十餘文又查塲地多係沿塘紳富承納粮串而徵地租於沙民所徵之租每畝二百七八十文至三百文

率地歸沙民墾種糧亦沙民承納者僅居十分之二三而紳富承粮徵租者實居十分之七八蓋沿塘紳富承納之地從前認領者有之給值得諸沙民者亦有之查從前地值每畝僅七八千至多亦不過二十千現在沙地價漲所值倍蓰矣塲地均有運司領給執照現在民間進出買賣一律稅契稅契之費每畝約四五百文塲地自髮逆蕩平之後未經清丈其中浮地不止數萬畝塲胥與就地紳士屢設法清丈者職是故焉

縣地亦皆熟地居多間有白地草地徵粮每畝三十餘文查縣地半係沿塘紳富承納粮串而徵地租於沙地其租則與塲地相等地歸沙民墾種粮亦沙民承納者亦居十分之五查此地光緒二十年均由該縣查丈浮地無多漲坍亦無定故此項地價次於塲

地並向無税契

牧地亦皆熟地其徵粮繳租查未詳　查府治西北一帶塘外沙地近十年間春中産繭秋季産棉豐歉雖小有不同而繭價棉值年貴一年並以麥雜粮歷年皆熟沙民漸臻殷實決無恃蠻蠢動之虞唯籌辦清沙民恐慌恃衆抗官在所難免是以官紳屢倡此議而未敢舉辦者也詎知沙民可市以惠不可脅以威若能通盤籌畫先衛其熟地增其舊有之利益未有不可以清丈加課而使安堵如常也見宣統元年十一月十五日紹興公報

田賦

·上桑觀察沙地築堤意見書·

山陰徐學源敬啟　竊山蕭兩縣所轄沙地不下百萬畝以沿塘一帶直十里橫六七十里歸錢清場收課之地　熟最早爲其中膏腴課則反視以後逐漲之地爲輕因歷久無人議及清釐升課之故辦理原有　合今議者擬築塘清丈并添造閘洞　浅内地民田之水無論經費甚鉅猝難籌措且　地　比較塘外之地高於塘内之田統在五尺以　添　閘洞潮水不免灌入易予鄉民以口　鄙意不如緩議築塘先行清丈而清丈辦法須從毘近之蕭邑仁忠字號入手此兩字號去今歷次清丈被擾尚未懲辦首事愚民　免觀望得先辦妥可以迎刃而　一面設局清丈一面出示公價歸併粮地糧户謂　業主每年收小租錢三百文須折

讓地户多係　户每年收大租洋二元至三元不等緣　歸併粮
户收租無幾安能承認若輾轉增加滋多交涉惟歸併一法該地
者皆得以已户承祇少　轉折自必樂從公價擬每畝三元倘有
粗欠統歸七折清償限在丈量未畢以先自應併楚俟地畝丈齊
均持完粮户額向　大局領照歸管自己地畝無粮者應繳公費
每畝十元以及有粮而地浮於粮者照算繳足方許立户歸管即
以此項公費作　大開支該有　數由上核給清丈既竣此數十
萬畝沙地可援照蕭邑正字號地粮酌分三則徵收每畝（地）十畝上
則五花五草中則四花六草下則三花七草酌計每年可增課則
數萬元提（內）中提存二萬元為築塘經費提款充足即行開工其塘
須照土塘一式底腳潤三丈外高一丈五尺以上面積潤　丈外

下開閘洞數處俾可啟閉埂內外蒸鬱深　濬渠以暢河流然後察看埂外情形可以宣洩由已至因沿海地勢加高潮水倒灌試驗數年方准開裏　舊塘閘洞數處以利民田似此逐漸進步可望有利　害以茲事體大民俗習慣所在難於圖始樂於觀成得蒙仁憲主持勿予近名勿求速效慎始圖終數十年而後大功告成行見羣生樂利爭頌憲恩於不朽也芻蕘　得是否有當伏乞鈞裁不勝屏營待命之至謹上　見宣統元年十一月廿六日紹興公報

委員儘先補用叅將方勝元會同候補縣丞高長惠稟藩憲

文（爲調查紹屬沙地先將山陰餘姚兩縣試辦情形事）

敬稟者爲調查既確議章陳請叩賜核示事竊緣紹屬沙地逐漸增漲久未升科迭經叅將等到地察看訪悉輿情曾經稟准財政局憲批示照案 另請憲台核定飭遵等因各在案恭讀之下益加奮勉以冀必行上爲國家取固有之利下爲沙民營世守之業於以 君民一体上下兩全方不負憲台清理財政之至意無如叅將等才識固陋時慮隕越深恐弗勝仍復親往逐一調查山會蕭餘上五邑惟山餘民俗敦厚次及會上獨蕭邑民多梗頑前奉委員勘辦多次皆涉中止均出自周嘉幹一人能力凡奉印委到地無不鑽穴進賄倘逢公正不阿之員即便聯合劣紳具稟上憲砌

飾朦蔽一面散布謠言煽惑人心以使無智沙民隨波逐浪鼓衆阻撓種種為厲不勝枚舉周嘉幹者向為蕭地積棍聚賭斂錢家日暴富恃財揮霍附阿紳黨媚悦官長遇事信任遂致目無法紀日甚一日其他各邑民間風氣雖開惟地方遼濶人類不一其間不無顧慮恐有如周嘉幹者接踵而至未可逆料前次餘姚正將開辧突出久厝地畝為數甚多之吴永加宋晋升蔣鑲鄭源泉謝元壽劉福升等相恃捐納封職以為護身有符聯名稟控架揑抵制此等慣技不得不預行防範應請出示曉諭切寔開導當未雨而綢繆俾臨事以無虞業經山餘縣場所轄沙塗紳耆團董孫豫齋岑萼輝姚錫紳黄炳和等集的款預墊經費送邀參將等稟請憲示委員勘丈升科按畝抽取丁税畝費俾獲利益而助公款等

語嗣後屢相敦促理合議定草章並繪圖造册以及調查確情不揣冒昧据實禀陳應否先將山陰餘姚遴委幹員會縣飭場開辦循序推行各邑伏候憲台俯賜詧核批示祗遵再現屆炎暑農事孔急開辦固非其時轉瞬即將秋成所有遴委會勘並一切籌備既竣届時已臻八月植物盡皆登場乘時開丈無碍農民而免局促芻蕘之言是否有當並祈示遵又餘姚之石堰場所屬沙地細查畝數有七十萬畝左右歷今五十餘載雖有報認升科之户無非賄通書差設方朦混以多報少取巧隱匿輸粮之地未及一半既悉底蘊合并聲明

一局所應先擇定也必須地方清潔屋宇高寬之處設立公局則委員紳董辦公人員並書識丈手人等堪以合住一處凡遇緊要

公務自必呼應灵捷隨時舉行不致耽誤務當沙途適中之處易於往復開辦丈務則督丈人員丈手書識不致困憊應先相定地位或就寺院或借民房必須及早定奪一俟設局辦公可免臨時局促

一委員須先委定也請委總辦一員專司監察督率之責並刊木質關防一顆擬以委辦紹屬縣場沙地清丈升科總局之關防字樣篆文發局啟用以昭慎重並請札委帮辦一員襄理升科查丈諸務一面照會總董訂定日期挨次齊赴各縣場會同印官到地並傳該各團董沙民一体知悉照會勘後　踏既明出示曉諭隨行核議妥善辦法會銜通詳請示設局開辦循序推行所有委員應支月薪均祈裁定示遵俾可按月墊解以資辦公而期考成

一用人均須合格也脱令任用私人從未有不債事者舉凡辦事人員自應員董互相公舉悉心考察人品並無嗜好方可録用所有責任綦重首在文案次及書啟會計督丈庶務調查招待等員以下逮及司書弓丈折算造册繕寫各項執事亦應仔細查察然後因材選充分科辦事俾得各抒所長以臻妥善而資臂助

一辦事應兼專責也擬延文案書啟招待宣講各一員督丈庶務調查各二員各辦各事各司專責毋得紊越應如何開支薪水迨事既就緒再行核議以公務之繁簡科薪水之豐儉分别酌定數目另稟請示遵行

一丈量須兼簡捷也如待報升花户挨次皆齊然後開丈未免遷延時日疎曠公務倘謂隨報隨丈既涉瑣繁後難相繼議將開辦

之初已曾報請升丈各户核計號簿約有五六千畝之數即便開丈迨至初次丈竣則報升之户挂號登簿者諒已不少自能接續無間不致曠公應先三日懸牌示期挨號清丈以使各户周知臨期伺候以免遺漏

一辦法必須變通也所有紹屬山陰會稽餘姚上虞蕭山五邑錢清三江曹娥石堰金山五場管收地場領灶地查考舊章模範迥殊沙地則計畝刀科分上中下三則按畝科粮額完納丈升時減徵官價擬將上則每畝征銀元一元八角中征一元二角下征八角既無妨乎民力俾小補于公款至各場灶地殊非一致為石堰場之周塘自南而北至利濟塘止此兩灶之沙洲則按丁計畝祇納裕稅不繳地價循舊科賦歷年照輸一場之内規模參差未能

一律而錢清等四場均亦爲之或按丁畝征收裕税或分三則出繳地價前石堰場管轄周塘利濟塘而外均各不同現與該場各團紳董查考舊章核議每丁每畝征收裕税銀四錢五分大費二錢五分照費一錢五分造册費二錢酌量减征以示体恤凡有先後漸漲沙塗曾經灶丁費盡心力築塘養淡之地類被世勢豪覇奪據爲己產倘任原戸原認則灶丁獨抱向隅必致彼此爭角有妨文務尚祈隨飭印委出示開導可否于十成之内給還灶丁四成撥繳原户四成其餘二成分給窮民並乞詧奪示遵免致生事以昭平允而順輿情

一辦法務宜周妥也所有子母隨沙灶地民地無論久熟新墾及養淡有年堪以試種者隨時會勘核明諭令承種各户先行到局

報告畝數由挂號處將地所戶名及所報地畝一一登簿當給憑單外仍飭該戶劃分界限插簽標記按畝丈訖後來局換給印照隨繳公費升科承粮迨丈務辦竣彙造條册具呈存案以符定制

一將事首在慎重也所有各屬沙民既蒙僉憲出示勸諭益以執事演說開導個人頗懷忠愛之心舉辦自無掣肘之虞然而地廣人多其間不無好事之徒尤宜悉心圖維預籌良策俾堪有備無患與其姑待于失後孰若防範于其先應請給示張挂局所一面据情札飭縣塲隨時出示切寔曉諭分貼轄境使衆周知外並將

國家財政困難度支孔急此次開丈升科萬難延緩及舉凡時事現狀一一切寔飭知則于積習相沿樂辦官租之主義想堪冰釋尚祈酌撥防軍駐紮局所衛護清丈以防不測而壯觀瞻　右

呈末議草章八條係管見所及芻蕘之言是否有當仰祈憲台電

鑒俯賜察奪核示飭遵

清宣統二年七月初三日紹興公報

派委丈勘蕭山南沙沙地

蕭山南沙沙地糾葛繁多覬覦者衆各方纏訟紛紛不一現已由顔方伯札委候補知府周志靖來蕭丈勘（委札甚詳明日列入專件）茲將藩憲批各紳民禀詞分别録下批蕭山汪紳望庚等禀此案沙地迭据紳民控爭批府飭查詳辦未据具復昨由徐紳嘏蘭等禀呈合同和議但云應由俛氏邀同灶戶及各共事人等共同丈量歸還原有契据各戶之外不論灶戶沙民均不賃管並無先儘厫商次及俛姓餘歸原戶之語惟該處民灶相距至二十餘里之遠誠不解收私委員憑何指爲灶地若因徇厫商之請撥給灶戶暫時刮滷將來養淡成熟仍歸嬰地收管固無論養淡無期不啻据爲己業而民灶雜處恐亦未能相安現因復据南沙民人

熊方忠等以官謀商奪民不聊生詞連紹郡官幕稟請委員查辦是漲沙一日不勘即一日不能定案何以杜紛爭而興墾務除由司遴委馳往會府督縣調查册案確切勘辦外仰紹興府轉飭遵辦此批又批蕭山周紳嘉幹稟仰紹興府查照汪紳望庚等稟内批示辦理粘件存稟抄發又批蕭山縣佃長王大祥等稟及蕭山縣沙民熊方忠等稟詞同前

清宣統二年七月初七日紹興公報

藩憲顔方伯委候補知府周志靖勘丈蕭山縣南沙田畝札

文

為札委事案奉撫憲增批蕭山縣紳士施李瑞等稟蕭邑朱茂森案南沙田畝向隸紹郡嬰堂管業逐年坍沒各地去年漲復如舊現聞黨山收私委員潘經歷指為灶地請隸廒商承佃而俛錦祿等又以曾經禁革埭頭名目朦請隸官致與各原户混爭叩請飭縣查明原案向章妥定辦法以安衆情而杜爭端等情詞奉批據稟朱茂林案地迭次漲復歷經該縣主持循案丈給原户茲為黨山收私委員潘經歷指為灶地請隸廒商承佃散給灶丁刮滷而俛錦祿等又朦請隸管等情查此項沙地既向隸縣屬征租且與灶地坐落路隔二十餘里此界彼疆確有限制斷不容射利之徒

忽啟爭端仰司轉飭蕭山縣照案丈清劃清明界限録案詳復核辦等因並據施紳學瑞沙民錢福安沈本基灶民丁宗成等先後來司具呈互相控訐均經批札該府飭縣查明如何糾葛妥為勘丈劃明界限飭令詳復迄今日久未據詳勘覆嗣據蕭山士紳丁乾一等以私串浮征蠹國病民稟請澈究紹郡紳耆徐紳嘏蘭等以查案排解各釋嫌疑抄粘倪錦容丁成宗等兩姓合同和議公請核案批府具詳定案又經批府迅即核案通詳咨奪各在案茲據蕭山縣紳士汪紳望庚等以蕭山朱茂林案沙地自光緒十四五年府委親臨勘辦先儘原戶復業次格沙民承墾由縣征收官租解府撥用議定坍則停征漲則承繳原認光緒二十七年丈增地畝均係案照丈分繪圖造册稟報二十八年南沙嬰多款紛議將

轉則新認餘祖撥用迄今循舊相安詎有收私委員議以朱茂林案原坍復漲白沙概歸廠商認祖散給灶丁攤晒不但與沙民生計攸關深恐外籍廠商未必顧我公益民地灶地相去二十餘里界址分明收委私員憑何指爲灶地鄭堂新董周紳初賡堂務或於民生公益利害未遑計及當此爭端競起之時若再不設法消弭深慮釀成鉅衅擬請將朱茂林沙地除圖冊所載原額地畝照案仍歸原戶外查有無主沙塗由官作主另行召佃各原戶不得援子母相生之例呈請續認所有官租仍由縣經征分別撥充公用以符成案而維公益並据佃長王大祥沙民熊方忠等公呈具控均請派委秉公查辦各等情前來查朱茂林沙地前已丈分轉則議租與灶地相距二十餘里之遥其爲民地自無疑義現因坍

地復漲民灶相爭涉訟不休而郡紳徐紳嘏蘭與邑紳汪紳望庚等調停其事意見又各不同是此項一日不勘即一日不能定案應即由司遴員前往會府督縣調查冊案確切勘丈持平斷結以杜紛爭而興豤務查有該員堪以派委除批示並分飭府縣遵照外合行札委札到該員立即遵照束裝前往會同該府邑將守督飭蕭山翁令邀集各紳調核冊案將是項漲沙公同勘丈如何劃界勘丈持平斷結繪圖造冊通詳詧辦毋稍徇延

清宣統二年七月初八日紹興公報

關於南沙沙地案之電文及辦法

蕭山朱茂林案內沙地因多人覬覦致糾葛紛紜業由藩憲派委丈勘迭誌前報茲悉黨山全体竈商汪德興等及官竈灶民丁成宗等日前均有電致撫憲控蘇藩委周志靖受人運動意存袒護等情其電文如下（汪德興等電）撫憲鈞鑒蕭山黨山南沙朱茂林案漲沙多人覬覦幸蒙藩運憲發委勘丈今運委未發而藩委周志靖太守已偕蕭山縣來紹周守惑於劣紳民地灶地各有界限之妄說意存袒護徇詞一面不顧走私漏課有壞鹽務大局乞飭運憲立即發委勘丈俾得持平辦理（丁成宗等電）撫憲鈞鑒蕭山南沙新漲沙地一案運委未發僅有藩委周太守到紹全受沙紳運動灶民勢必向隅乞速飭運憲加委持平勘丈又本府包太守

以該沙地民灶混爭若非妥籌辦法從此將涉訟不休特擬定數端稟報工峯立案茲特採録於下(一)嚴禁吞併以杜中飽(一)勻結地畝以惠貧民(一)塡給印單以資世守(一)明定範圍以杜漏私

清宣統二年七月二十七日總紹興公報

又有人控追朱茂林案内之沙地矣

蕭山縣朱茂林案内之沙地前由山陰倪錦勝等以被灶户葉運動鹽覈李大使希圖侵佔等情一再向上憲稟追已兩誌前報茲悉又有蕭山沙民沈本基等具稟上憲略謂朱茂林案内之沙地向隸紹郡嬰堂經管分給土著原户承認完租以作經費惟地臨瀆海坍漲靡常光緒二十七年蒙前縣主瞿照會嬰堂董事韓紳啟酉等查辦清丈按照原户給予丈單繪圖造册呈縣詳報二十八年即遭坍没當經造册稟縣照章暫停征租三十一年復漲奉前縣主李照會嬰董履勘仍令各原户承租管業發給號單繪具圖册按則一律完租不料三十三年又復報坍至三十四年復漲僅人地兩字號之地稟蒙安前縣出示曉諭各沙民按照圖册隸

紹興縣志采訪稿

管不得侵越各在案乃上年九月忽奉府憲示諭内開據黨山收私委員潘經歷元穀查勘朱茂林案内續漲新沙議歸廣商認祖轉給灶丁攤晒稟奉運憲批府委勘立界編號造册復諭原戶沙民及灶丁人等〻可歸原戶承租坍漲已非一次此次漲復滿望按圖管業土著相安廣商何得妄奪況民等均有圖册征册原案可稽豈容該廣商平空混争稟乞查照批飭承祖管業云云未識上憲如何批示〻

清宣統二年二月初八日紹興公報

關於爭奪沙地案之藩批

蕭山朱茂林案内坍而復漲之沙地鄉民互相控爭迭誌前報茲又奉藩憲批示一則照録於下查此案前據該紳士施學緯等稟司即經批示在案現又據該紳士呈奉撫憲批示除另札飭遵外仰紹興府立即轉飭遵照先今批示並照憲批事理刻日查明究因如何糾葛妥爲勘丈劃明界限録案通詳察辦云

清宣統二年三月十三日紹興公報

紹興縣志採訪稿

詳請豁免沙地之租課

山邑增大令具稟上憲略謂該縣乾坤兩號沙地近因海潮洶湧不時坍没經江前令諭飭各地户按畝捐錢築塘堵禦無如潮水猛烈隨築隨坍沿江一帶坍没殆盡沙民流離失所困苦不堪復經知縣照會就地紳董勸諭將未坍各地集資雇工挑築堤埂俾資捍衛已坍各户流離失所准於附近荒地暫蓋草棚居住惟該沙民填築工本盡付東流蕩産傾家生機已絶額定租課若令照常輸納民力寔有未逮為此按户查開畝分檢同印照伏乞憲台豁免租課以卹民命云云未識上憲如何批示也

清宣統二年十月廿七日紹興公報

稟請豁免沙租之撫批

山陰乾坤兩字號沙地迭被猛潮沖坍沙民流離失所困苦情形不堪言狀經增大令備情稟請上憲將租課銀兩准予豁免等情已誌本報兹奉增中丞批示据稟坤字號沙地日漸沖没請將租課豁免等情仰布政司核議詳奪繳

清宣統二年十一月初六日紹興公報

田賦

委查清大沙地之詳情

山陰縣沙民　福祥等前赴省控沙書何同慶舞弊各節奉撫憲批行藩司飭府委員查辦在案經山邑江大令會同委員試用知縣劉雲卿大令將該地續坍情形通詳工憲並聲明光緒三十二年間經徐紳嘏蘭等盤丈老地計有溢管餘地一千餘畝其時已漲有二百餘畝未及驗照蓋戳三十三年以後沙書何同慶並未續辦經徐紳等稟請斥革今老地坍没過半請賜飭府委員清大等情茲又奉藩憲顏方伯嚴札云查乾坤兩號沙地十餘萬畝額征沙租錢一萬餘串近年報坍過半僅征錢三千餘串顯係沙佃沙書通同弊混以少報多收數日絀經府飭查猶敢把持朦混實屬藐玩亟應遵照憲札吊取畝冊從嚴究追一面由府遴委明幹

之員會員督紳澈底清大實存未坍新漲沙地各若干分別按畝驗照報陞以重租課合行札飭該府遵即提訊究追飭妥勘大詳覆察奪均毋違延切切見宣統元年九月初一日紹興公報

請丈紹屬沙地之移文

浙省清理財政局日前移請藩憲云据叅將方勝元縣丞高長惠稟稱參將查勘紹屬山會蕭餘上等縣轄境内灶牧各沙地自道光中大坍後逐漸漲復迄今五十餘載約有三百餘萬畝試種成熟者不下一半各縣場官紳無不喜辦官租上下堪以分潤該地沙民亦具有愛國之心莫不交相樂從升科然其間不無未就範圍之人造謠生事必須設立宣講所逐一開導隨時遴委廉明幹員會同縣場到地勘查俾可設局清丈又据團董孫豫齋等稟稱方勝元高長惠廉幹勤慎紳民欽佩熟悉墾務且素悉紹地風俗灶民衆口一詞若沐札飭方焐高二員將餘邑所屬首先開辦如有地工暴動等事均由董等擔任等情理合備文移請貴司查照

酌辦施行云云未識藩憲顧方伯如何辦理也

清宣統二年六月十三日紹興公報

關於南沙沙地之府批

蕭紳施學璐等日前為南沙沙田地事擬具條陳呈請府憲現奉包大尊批示來牘閲悉查南沙朱茂林案沙地舊隸郡嬰堂管業自光緒十五年清丈之後坍漲靡常豪强吞并弊不勝言前據黨山收私委員稟奉運憲批准飭縣勘辦自應徹底清查立界編號以杜爭吞新漲沙地議隸慶商認租散給灶户刮滷此不過暫時承佃將來養淡成熟仍隸郡嬰堂收管並非作為灶地毋庸過慮案經委員會縣勘丈一俟查丈明確妥定辦法該紳等明達事理既為地方公益計應即設法清釐相助為理一面開導沙民静候勘辦毋任貨棄於地利隸中飽是所厚望希即知照

清宣統二年四月二十一日紹興公報

請墾沙地

紹人方勝元高長惠等具稟財政局謂紹屬沙地有侵佔隱匿等情叩請承粮開墾現奉批云紹屬沙地未經清丈升科者所在皆有侵佔隱匿朦蔽延宕亦屬慣技現當清理財政之際自未便以本省固有之利源長此放棄該員所稟不為無見仰候移請藩司衙門核辦可也

清宣統二年四月十五日紹興公報

稟請開荒

會稽二十八都胡鳳來以該處有荒地百餘畝擬集股開墾所獲花息即分充該處自治學務兩項經費日前向勸業道稟請立案當奉董觀察批云据稱該邑二十八都一圖之稽山鄉舜廟前沙地約計方面一万餘畝並無主管亦無花息現經邀集各紳董會議集股開墾以所獲花息分爲兩半充作稽山鄉自治公所及稽山初等小學堂公益經費等情如果别無糾葛確係無主官荒自屬可行仰紹興府即便轉飭會稽縣切實查明具覆再予立案辦理可也抄稟批發并示

清宣統二年四月二十五日紹興公報

稟請開荒之道批

山陰職員張復培等擬墾該縣三十七都三圖孟字號荒地具稟勸業道憲當奉董觀察批云据稟該職等承墾山陰縣境三十七都二圖孟字號沙地約有五十畝既經繪圖貼說稟呈前山陰縣江令示諭該處近村土著報墾逾限無人呈報復經山陰縣增令飭書查丈在案既係官荒民荒應否給予承墾仍稟由該縣察核詳辦可也

清宣統二年十月廿六日紹興公報

紹興縣志採訪稿

田賦

稟呈貢茶

會稽縣應辦年例貢茶，現將本年茶觔查照向章採辦，齊全裝儲錫瓶，稟呈撫轅，〔聽〕候收彙核進呈矣。見宣統元年七月初四日紹興公報

紹興縣志採訪稿

田賦

稟請財政綱要之撫批

會稽中書科銜陶驥稟陳撫憲清理各州縣財政綱要恭呈察核採行等情當奉增帥批云稟摺均悉查各屬征粮章程收錢收洋參差互異其間輾轉繞算任意抑勒弊竇多端不勝枚舉書吏藉以朦混習為故常州縣因而侵欺視為應得積重難返害將不可勝言亟應設法整理以示大公原摺先擬劃一征價酌留經費係為征本清源之計錢漕南米等項平餘悉數歸公用而另給經費以資辦公事屬正辦惟征收銀米時銀價有增減之不同米價亦漲落之無定歲計兩項能否併提洋一百四十萬元尚難預採勝算實有把握至匀給道府州縣公費以資開銷一節整頓吏治必以此為入手方法蜀西等省行之已收實效本部院亦早經籌議

及此急待仿行然非逐細調查通盤籌劃無以定繁簡而酌盈虛攤捐欵項開報給發一節查前奉上諭有人奏請豁免州縣攤捐等語各省攤欵一項寔足為地方官之累著各督撫查明司道府各衙門攤捐欵項分别是否重要政務必需之欵應否裁除詳晰妥酌奏明辦理等因當經札飭藩司分移欽遵辦理在案該職所擬有無可採應由司悉心核議詳辦凡屬一切新政均為近今切要之圖各屬有限于經費支絀欵無可籌因畏難而事敷衍因敷衍而成粉飾亦有苛刻從事搜括靡遺民力幾何其曷能支本部院心焉憫之故每於籌捐書牘必再三酌覈始准批行查國家行政及地方行政所需經費各國原係分别籌辦擬自監理財政官到浙會商參酌辦理至於州縣陋規悉充公用委員川薪酌定發

給應俟調查確切次第實行惟據稟各節改章伊始必須詳（加）考察
方足以昭慎重自應由各該道府州廳縣商同幕僚各抒所見將
摺開各條是否可行逐細籤註明白擬議詳辦以期有利無弊仰
候札飭布政司核明分別移行妥訂章程議詳察奪毋延原摺抄
發見宣統元年六月廿一日紹興公報

紹興府山陰縣調查城鄉戶口一覽表 宣統二年份

區	段	正戶	附戶	共計戶數
城	三	六、三九〇	三、七五二	一〇、一〇二
南一	四六	九、八四三	四、九九三	一四、八三六
南二	五三	五、九四七	三、七一〇	九、六六七
南三	三一	九、七五四	六、八三二	一六、五八六
西一	四五	七、一五七	六、七四三	一三、九〇〇
西二	六六	七、七六九	一、四七一	九、二四〇
北一	三七	一二、二四九	四、九六〇	一七、二〇九
北二	二四	一六、〇六五	九、六六二	二五、七二七
北三	二五	八、四八八	五、六三九	一四、一二七

北四	四九	七、六八四	一、三六三
		九、〇四七	
合計	四一九	九一、三五六	四九、一二五
		一四〇、四八一	

男丁	女口	共計丁口數
二五、一九三	二二三六七	四八、五六〇
七、五三六	三二、九二四	七〇、四六〇
二五、三九六	二一六八八	四七、〇八四
四〇、四五一	三五六一四	七六、〇六五
三三、五七三	二八、一〇七	六一、六八〇
二四、五八二	一九八二五	四四、四〇七
四二、二七四	三七〇四一	七九、三一五
六四、七七六	五七二七七	一二二、〇五三

三四、二七六　三〇、五〇八　六四、七八六

三、七一一　二〇、七六四　四四、四七五

二五〇、七六八　三〇七、二五　六五七〇八八二

附　查

學童數　壯丁數

五、四四三　九、二二二

八、四八一　一五、二二九

五、四三九　六、四七八

九、五四三　一六、四九〇

七、二四三　一五、二九〇

四、五六三　一〇、〇〇六

八、九三四	一七、二八四
一五、二八六	二八、三六三
七、五四七	一四、八八五
五、一七四	八、〇二九
七七、六五三	一四一二〇七六

清宣統二年八月十九日紹興公報

紹興府會稽縣城鄉戶口一覽表　宣統二年份

區	段	正戶	坿戶	共計戶數
城	一六	五、七一一	三、五五一	九、二六一
東一	二三	六、四六五	二、五五一	九、〇一六
東二	二七	五、六一九	二、六四二	八、二六一
東三	二六	五、四九六	二、七四七	八、二四三
南一	二〇	八、四四六	四、二二三	一二、六六九
南二	二四	四、五三三	三、〇八七	七、六二〇
南三	一二	一、六二〇	一、八六七	三、四八七
北一	一八	六、〇六二	二、九三三	八、〇九五
北二	二八	七、三九〇	三、七二四	一一、一一四

北三　二六　六〇七三三　三、七八九　一〇、五二二

合計　二二〇　五八〇七五　三一、二四　八九、一八九

男	女	共計口數
二六、一二七	二一、四五二	四七、六六九
二四、七三五	二〇、四六七	四五、二〇二
二〇、七四八	一八、〇〇九	三八、七五七
二二、二四三	一八、一九九	四〇、四四二
三四、〇二二	二七、八三七	六一、八五九
二二、三二七	一八、二六九	四〇、五九六
九、八六九	五、七六〇	一五、六二九
二四、三九三	一九、二七四	四三、六六七

二六、三一七　二一、五二六　四七、八四三

二六、六二九　二二、二四一　四八、八七〇

二三七〇五〇〇　一九三、〇三四　四三〇、五三四

附　　查

學童數　壯丁數

六、五五四　一一、七九七

六、四四八　九、七一二

四、一一六　八、〇〇三

五、五六一　一〇、〇〇九

八、五〇六　一五、三〇九

五、五八一　一〇、〇四七

紹興縣志採訪稿

一、九三八　四、二三九

五、一八七　一〇、七〇六

六、四七八　一一、三五六

四、九九九　九、三八〇

五五、三六八　一〇〇〇五五八

清宣統二年八月初七日紹興公報